TU N'ES PAS LA FILLE DE TA MÈRE

DU MÊME AUTEUR

LA PEAU DURE, Grasset, 2002.

ÉLISABETH QUIN

TU N'ES PAS LA FILLE DE TA MÈRE

BERNARD GRASSET
PARIS

Tous droits de traduction, de reproduction et d'adaptation
réservés pour tous pays.

© *Éditions Grasset & Fasquelle,* 2004.

à ma fille

à son père

à mes parents

J'ai toujours eu confiance
en la bonté des inconnus.
Tennessee Williams

LA FRANCE SE DURCIT

Aujourd'hui, mercredi 30 juillet, la France se durcit. Elle annonce la suspension jusqu'à nouvel ordre de toute adoption d'enfants cambodgiens par ses ressortissants, quelle que soit la procédure utilisée. Paris veut « poursuivre les discussions avec le Cambodge concernant des mesures qui pourraient être prises pour mieux assurer la régularité des adoptions ».

Il y a un an, je n'aurais pas fait attention à cette information. Je n'aurais même pas su dire si le Cambodge avait toujours ce roi d'opérette qui fit les beaux jours de la Cartoucherie de Vincennes dans une pièce grinçante d'Hélène Cixous. Mais ma vie a changé et cette nouvelle parue dans un journal du matin me met en colère.

Le gouvernement français veut obtenir des garanties sur la provenance des bébés qui s'entassent dans les orphelinats cambodgiens. Le Cambodge est un pays pauvre, en pleine explosion démographique, où l'on trouve plus d'orphelinats que de cinémas. Essayez avec la France. Ou avec n'importe quel autre pays riche.

Au Cambodge, il n'y a pas encore de McDo, mais on connaît la loi de l'offre et de la demande. Des enfants y attendent des parents qui n'en peuvent plus d'attendre des enfants au cœur vacant. Le ministère des Affaires étrangères fait bien de réclamer un assainissement des circuits de l'adoption au Cambodge ; il y aurait eu des cas de bébés achetés à leurs mères et des tours de passe-passe administratif à la sortie des salles d'accouchement de maternités.

Mais pendant que de fins limiers dépêchés de France, très discrets et peut-être même fantomatiques, enquêtent sans que personne là-bas les ait jamais rencontrés, le désespoir en bas âge continue.

Le trafic d'êtres humains ralentira-t-il ? Les locations de bébés pour la mendicité cesseront-elles ? Que deviendront les orphelinats qui ont besoin des dons privés pour subsister ? Autoriser l'adoption entraîne des dérives. L'interdire accroît la détresse des nourrissons.

Je rumine.

Texavery joue avec un biberon d'eau dans sa chaise haute. Je balance le journal en direction de la poubelle.

La manque.

Nous nous regardons. Elle lève les sourcils et m'asperge alors de son sourire d'enfant bienheureuse.

Ma fille.

JE VIS UNE GROSSESSE FANTÔME

Lundi 26 mai. C'est bon signe : je suis assise devant la paroi de l'avion où l'on fixe les berceaux aériens. « *Baby bassinet to be removed during take off, landing and turbulent weather.* » Vol AF 162, siège 6E, en route pour Bangkok puis Phnom Penh, et là-bas, l'orphelinat Holy Baby II.

Je pars adopter un enfant au Cambodge alors que la France s'oppose à l'adoption dans ce pays depuis un an et demi. Je ne vais pas agir hors la loi, mais à côté de la loi. Les Français ont leurs raisons, j'ai les miennes, et les Cambodgiens veulent bien qu'on vienne les soulager de toutes ces bouches à nourrir, à condition de ne pas trop les fâcher avec la France.

Je m'embarque dans une adoption guérilla.

Plus j'avance dans mon voyage, plus les avions rétrécissent ce qui me donne le sentiment, sans doute illusoire, de faire corps avec l'Asie. Entre l'air, le sol gorgé d'alluvions, le Mékong boueux, les barques chargées de ballots de verdure ayant la taille d'un petit pois vues du ciel et moi, il n'y a plus grand-chose pour nous séparer. A peine quelques heures vitrifiées par mon appréhension, quelques carlingues de plus en plus minces, un dernier aéroplane en feuilles de papier de riz, pétaradant et frêle jouet d'enfant qui se pose sur une piste d'atterrissage dessinée au crayon de couleur.

Depuis trois mois, je fais des listes. L'homme que j'aime, le futur père, s'interroge devant cette obsession. J'accumule les listes de prénoms, au cas où celui de l'enfant serait imprononçable. Angèle, Sylvia, Muriel, Paule Pote... Jusqu'au jugement d'adoption français, les petits étrangers portent le nom de l'orphelinat en guise de patronyme. J'ai demandé une fille. Petite Holy. Mon Ancien Mari qui se protège de tout excès d'émotion par la dérision, me suggérait récemment de la nommer Ravi, parce que ça fait « Ravioli ». Il est drôle, c'est son métier.

Je liste les produits pharmaceutiques, les berceuses, les parrains, les marraines, les raisons de ne pas adopter, les pays que nous visiterons en priorité, les papiers à emporter, les enfants de mon entourage que j'inviterai pour son premier goûter de bienvenue, les musiques à lui faire entendre. Je ne vis plus, je liste ce que je vais vivre, et je n'ai jamais été aussi heureuse, nichée dans cet espace entre une feuille de papier et une fiction qui ne saurait tarder à prendre corps.

Le visage du bébé n'existe pas. Sa forme ne palpite pas à l'intérieur de mes entrailles, elle n'est pas détectable sur un moniteur d'échographie. Aucune main d'homme ne peut la caresser précautionneusement. Aucune oreille ne peut s'orienter vers elle et tenter de capter à travers mon abdomen le glouglou du grand mystère. Elle n'est pour l'heure qu'un dessin en pointillé.

Je vis une grossesse fantôme, profondément solitaire, une grossesse en creux et cela me va.

Je ne fendrai pas les foules grises précédée par mon ventre brise-glace, proue de chair sanctifiée dans ce pays vieillissant qui a le culte de la conception. Je n'ai pas eu à me consulter longtemps avant d'écarter la reproduction. Après deux grossesses indésirables dans leurs contextes respectifs, j'ai décidé de ne plus jamais faire d'enfant. Ce fut un immense soulagement ; comme de ne pas avoir à passer le permis de conduire. Il ne m'a d'ailleurs jamais manqué.

Etre, et demeurer légère, fille pas tout à fait achevée, pas vraiment entamée, à cheval entre deux états. Ravie de savoir que pour certaines de mes congénères, la reproduction est l'acmé de la vie sur terre, mais préférant personnellement me tenir sur le seuil de ce nirvana, regardant mais ne participant pas, sans façons.

J'ai choisi l'inconnu. Y a-t-il mieux à faire dans ce monde ensauvagé dont les ressources s'amenuisent, que de puiser dans l'intarissable réserve d'orphelins ? Faut-il vraiment ajouter sa petite pierre biologique à l'édifice surchargé ? Alors oui, l'universel malheur m'arrange, qui me permet de faire passer mes angoisses pour de la lucidité ou de l'altruisme.

Il m'est arrivé de me justifier auprès de mères biologiques inquisitoriales avec des arguments farfelus. Ressembler pendant neuf mois à une barrique variqueuse, non merci. Aimer son prochain c'est bien, aimer son lointain c'est mieux. Aidons la terre et gagnons une place au ciel en élevant ce qui existe déjà. Et ainsi de suite...

J'ai adoré les faire enrager. Je ne faisais que répondre à la violence de leurs schémas préconçus. Ces zélotes du placenta m'affirmaient que l'adoption n'est pas une vraie maternité, mais un état qui participe de la charité et du travail de nourrice puis d'éducatrice à long terme.

Les mères convaincues de la suprématie de l'enfantement sont des intégristes. Mais je me sens libre, parce que je n'ai pas peur d'elles et que je n'ai pas honte de moi. Je me dis juste que je suis un monstre, tant ces affaires de grossesses me dégoûtent.

Je flotte, sans me soucier de la loi du sang. Je ne suis pas plus attachée que ça aux messages encodés dans mon génome, informations et signes particuliers qui m'arrivent filtrés, affinés ou exagérés par quelques dizaines de générations, et que je devrais transmettre avec émotion à mon descendant comme s'il s'agissait d'un inestimable meuble de famille ayant traversé bonnes et mauvaises fortunes, et conservant à travers ses marques et ses gnons successifs la précieuse mémoire historique de la famille.

Pas question de me reproduire.

PHNOM PEINE

« Même les moines demandent l'aumône en dollars » s'enflamme Konthea.

Konthea mesure un mètre cinquante, ses ongles taillés en pointe sont rouge sang. Elle est chargée par l'agence de voyages de me conduire à l'hôtel.

« Vous voyez les baguettes vendues par les marchands des rues ? Elles sont un vestige du protectorat français ! Nous aimons le pain ! Délicieux ! *Chngagn* ! Pour les enfants, le pain c'est du gâteau ! D'ailleurs, leur dessert préféré, c'est le sandwich à la glace, *teuk kor,* deux boules de glace dans de la baguette... » Et Konthea pépie sans discontinuer durant l'heure qu'il faut à la voiture pour traverser la ville et rejoindre l'hôtel Le Royal. Elle sait tout sur la capitale khmère, un petit rire nerveux la secoue, elle est frémissante du désir de m'impressionner. Je devrai pourtant me passer de ses services, si je veux me perdre et apprivoiser à mon rythme cette ville où plus personne ne parle français, sauf à l'ambassade, au garage Peugeot et chez les anciens matous des colonies devenus restaurateurs ou tenanciers de bars de nuit.

Premier soir.
Je fais le tour du centre-ville, assise avec raideur dans un cyclo-pousse. Je n'arrive pas à m'habituer à ce mode de transport où un pauvre type sec comme un hareng saur pousse en ahanant plus riche, plus lourd et moins fatigué que lui. On aimerait le long du trajet que l'allégorie soit moins criante, néanmoins on termine le trajet dans le cyclo.

Dès que nous nous éloignons du quai Sisowath, de sa gaieté brouillonne de fête foraine, de ses foules exubérantes, la tristesse des villes asiatiques sous-développées commence à me gagner à la façon d'un sinistre sortilège. La nuit poisseuse est éclairée par de pauvres néons et par quelques lampadaires chichement répartis le long des avenues. A Phnom Penh se multiplient fusillades, viols collectifs, enlèvements de très jeunes filles, attaques à main armée. Comment s'en étonner ? Il n'y a pas d'éclairage urbain. C'est le Londres de Jack l'Eventreur. Tout se dérobe aux regards dans cette ville provinciale mais patibulaire, ces venelles faites pour le murmure et le mauvais coup. Ça et là, des yeux luisent à travers les planches d'une palissade. La nuit est pleine d'arrière-pensées.

Il n'y a guère que les propriétaires de night-clubs et les fabricants d'aquariums pour trouver le néon festif. Ici, sa lumière crue souligne la décrépitude des bâtiments. Les humains sont saisis dans une gélatine de solitude. Assis en lotus, des enfants hirsutes me regardent, voûtés comme des vieux. Ces corps agglutinés en grappes autour d'un poste de télévision, ces ombres furtives dans les ruelles cherchent pitance, sexe, drogue, réconfort, espoir, oubli.

Affalés sur le trottoir, sur le côté, sur un guidon de cyclo, sur le toit d'une bagnole, sur une table pas débarrassée, sur une natte, sur un chien dégonflé comme une vieille chambre à air, ce ne sont que des corps anémiés, sans âge, des corps de pierre, de mousse, de poussière. Parfois un moignon. Toujours accompagné d'un maigre sourire qui décourage tout élan de pitié.

Des corps de peu qui n'intéressent personne et se laissent aller au néant tiède.

Phnom Peine.

Une fille se tient devant une gargote, les pieds en dedans, perchée sur d'incroyables socques. Un bébé est accroché à sa hanche. L'un et l'autre, d'une crasse triomphale. La mère de ma future fille lui ressemble peut-être, si elle est encore en vie.

Beaucoup de « peut-être »...

Bande-son du jour et de la nuit à Phnom Penh : musique aigrelette s'échappant d'un club de karaoké, klaxons, sonnettes de vélos, claquements de langues, chocs des amortisseurs malmenés sur les chaussées défoncées, rires, aboiements, bruits gutturaux, crachats, raclements des roues du chariot ambulant sur la chaussée, cris des « hommes-boutiques », les marchands de soupe, *num banh choc*, de gâteaux bon marché, de viande séchée, de papayes vertes, de milk-shakes aux fruits et à l'œuf cru, *teukalok*, de montres et réveils, de cuisses de grenouilles caramélisées, de jus de coco, de petits bâtards tout chauds, *nom paing*, le bâtard cambodgien, ce mot me serre le cœur.

Phnom Penh semble ne jamais connaître le silence, mais soudain, venu du jardin de l'hôtel où je m'abandonne à la fraîcheur, *gecko gecko gecko*, le vacarme régulier du gecko.
Ce lézard aux pattes gracieuses en forme de fleur, ma fille l'aimera-t-elle autant que moi ?

UNE STALACTITE DE GLACE
DANS UN SAUNA

Je suis attendue à huit heures du matin par le docteur K., le directeur de l'orphelinat Holy Baby qui me fut recommandé par Bertrand Tavernier. Ce dernier prépare un film sur l'adoption au Cambodge et m'a suggéré il y a quelques mois d'appeler le docteur K., « un type sensass ». Bertrand parle un peu comme Jean d'Ormesson, avec des « extra » et des « épatant » rafraîchissants.

J'ai eu la confirmation que plusieurs petites filles de six à quinze mois attendaient à Holy Baby d'être adoptées. Lors de notre dernière conversation téléphonique, début mai, K. a tenté de me dissuader de venir. Testait-il ma détermination, ou exprimait-il un vrai malaise ? Il disait que les élections législatives cambodgiennes du mois de juillet allaient bloquer encore un peu plus la situation de l'adoption. Il avait peur de ne plus pouvoir faire passer mon dossier à travers les services labyrinthiques et débordés du ministère des Affaires sociales (pour le certificat d'adoption) puis du ministère des Affaires étrangères (pour le passeport de l'enfant).

Je lui ai répondu un peu crânement « mon petit nom, c'est Adoptor, ne vous inquiétez pas, j'arrive ».

Ma familiarité l'a fait rire et nous en sommes restés là. Je n'en revenais pas d'avoir été aussi pugnace, moi qui aurais pu prendre à mon compte la définition que Pasolini donnait de sa propre pusillanimité : « J'étais tellement timide que je n'osais pas tutoyer un chien. »

J'ai raccroché au bord des larmes, toute bravacherie évanouie, persuadée que mon voyage serait stérile. J'ai néanmoins acheté mon billet d'avion le lendemain matin, rage au ventre. Un billet avec date de retour modifiable.

« Venez avant huit heures. Vous voyez où est ma clinique ?
— Non.
— Vous demanderez. »
J'entends « Tac Mao », qui se prononce comme Bauhaus. Clint, le jeune chauffeur anglophone que je paye vingt-cinq dollars par jour, pas vraiment du luxe mais tout de même l'équivalent du salaire mensuel d'un jeune instituteur, me dit connaître la localité et démarre en trombe. Trente minutes plus tard, il noie ses Hush Puppies dans une mare d'eau en descendant de la voiture. Nous sommes devant la polyclinique du docteur K. Vingt paires de tongs défraîchies sont alignées devant l'entrée, sur un trottoir défoncé. Le hall fait quatre mètres carrés, à tout casser. Des vieux et des femmes cuisent dans l'air déjà brûlant mais personne ne bouge, l'attente a l'air d'être inscrite au programme génétique de ces gens depuis des générations.

le corps est présent, mais l'esprit lévite et les yeux regardent en dedans…

Le docteur surgit, chemise bleu pâle soigneusement repassée, cheveux blancs, sourire en coin, regard en coin, tout en coin. Il me plaît. Il n'a pas l'air de souffrir de la chaleur. Une stalactite de glace dans un sauna.

Son bureau équipé d'un ventilateur pour lilliputien est une cellule spartiate contenant un lit de consultation et un meuble de chambre froide bourré de vêtements d'enfants et de boîtes de médicaments. Pendant cinq minutes, nous nous livrons lui et moi à un exercice captivant : mener une conversation dénuée de sens. Il parle pourtant un français correct, acquis, je l'apprendrai plus tard, lors de son exil parisien, entre 1973 et 1993. Mais les mots du docteur K. sont des alevins qui se glissent à travers un filet de pêche aux mailles relâchées.

Des mots et des idées circulent auxquels je ne comprends rien. Je ne sens plus mon corps à force de concentration. J'ai l'impression d'être partie de Paris voici des semaines.

Et puis je saisis enfin l'origine du malaise. Le bon docteur m'entretient comme si je connaissais tout des arcanes administratifs de l'adoption.

Le ministère des Affaires étrangères cambodgien aurait envoyé à l'ambassade de France une lettre lui faisant ses compliments, et l'avertissant solennellement qu'il levait la suspension de l'adoption décrétée en décembre 2001. Comme on me le dira plus tard à l'ambassade de France, le patron s'est étranglé de rire, a souligné la forte probabilité pour qu'il s'agisse d'un faux, et conclu qu'il n'appartenait pas aux Cambodgiens de prendre une décision à la place des Français.

Ambiance.

En vertu de cette lettre, l'adoption pourrait reprendre, mais encore faut-il que la France autorise cette reprise, notifie la décision à la Mission de l'Adoption Internationale, et donne l'ordre de légaliser les dossiers des adoptants français.

Mais la France n'autorise pas. Les autres peuvent bien flatter ou faire des bras d'honneur, ils n'y changeront rien. Pourquoi cette intransigeance ? Les informations ne circulent pas, seulement les rumeurs, rumeurs de procédés délictueux, de rapts d'enfants, de falsifications de papiers ou de « fabrication » d'orphelins, voire de réseaux pédophiles, amalgames encouragés par un ambassadeur hostile à l'adoption, ignominies jamais vraiment confirmées. Le gouvernement français se fiche d'informer les candidats à l'adoption et les maintient dans une expectative douloureuse. Une vingtaine de familles, dont celle d'un élu, ont pourtant réussi à obtenir depuis un an et demi un visa d'entrée en France pour leurs bébés cambodgiens. Certains ont fait du chantage, d'autres affreux jojos ont insulté le personnel consulaire, d'autres, enfin, ont fait appel à leurs relations, de Depardieu à Jack Lang, pour faire plier le ministère des Affaires étrangères. Tout a marché.

J'espère ne pas arriver trop tard.

Je téléphone tout de suite à la MAI à Paris et demande si quelqu'un est au courant du courrier cambodgien en date du 23 mai, et de ses conséquences.

« Vouimaisnononn'estpasaucouranten toutcasonnelégalisetoujourspaslesdossiers rappelezplustardoulasemaineprochaine macollèguequis'enoccupeestenRTT… »

De partout les nouvelles sont mauvaises, et le contexte hostile à mon projet. Or, le consul doit me délivrer une lettre attestant de mon existence et de mon projet pour rassurer les Cambodgiens. Sans cette lettre, le MAE et le BDA du MAS de PP ne me laisseront pas adopter hors MAI.

Ma vie en acronymes.

Je ferais mieux de reprendre tout de suite un avion pour Paris, me dis-je en ricanant nerveusement. Puis je rentre à l'hôtel sans un regard pour le paysage, et je commande un plateau de riz vapeur, et du sorbet à la noix de coco.

Nourritures molles, enfantines, nourritures du sommeil et de l'oubli.

UN TABOURET DE PLASTIQUE ROSE

Pourquoi ne pas se conformer aux règles et choisir un pays autorisé ? Je devine qu'on me posera la question tout à l'heure lorsque j'irai me présenter et déposer un de mes dossiers d'adoption au consulat de France.

Est-ce un caprice ? Je désire un enfant asiatique. Parce que j'ai moi-même les yeux étirés, ou pour m'éloigner le plus possible de mes racines, à moins que ce ne soit en souvenir d'un séjour au Vietnam où je m'étais sentie chez moi, posée sur un tabouret de plastique rose au milieu du marché de Cholon à Saïgon.

L'attente pour la Chine est interminable, mais moins qu'au Vietnam, où des centaines de dossiers sont en souffrance depuis deux ans ; quant à la Thaïlande, elle n'accepte que les femmes mariées. L'Asie de l'adoption s'arrête là.

« Vous feriez mieux de vous orienter vers l'Afrique, vous n'aimez donc pas les Africains ? » m'a demandé il y a quelques mois au téléphone la responsable d'une association caritative formée pour démarcher des parrains et marraines d'écoliers nécessiteux.

« Adoptez en Ethiopie, ou au Mali ! Pourquoi les Français veulent-ils tous des Asiatiques ? »

Elle jubilait, la belle conscience parisienne, parce qu'elle connaissait déjà ma réponse et que sa victoire facile la ravissait. Je sais qu'elle s'est sentie supérieure à moi lorsque je lui ai avoué ne pas être assez ouverte, généreuse, mûre, ou encore trop dépendre du regard social et des préjugés de mon milieu bourgeois, pour adopter un petit Africain.

Mais l'agressivité de sa question m'a donné le courage de formuler ma vérité.

J'aurais voulu pouvoir crier « de n'importe quelle couleur, il sera le mien ! Je me fiche bien qu'il soit jaune, noir, blanc ou vert à pois roses, pourvu qu'il ait besoin de moi ! ». J'aurais voulu balayer les notions de références, de choix, être une arche, un recours, une auberge espagnole, j'aurais voulu être porteuse de cet amour-là. Mais si je mets à l'épreuve ma vision du monde, qui me semblait jusqu'à présent dénuée de racisme, je découvre tapissée sur le pourtour de mon inconscient une triste polypose d'angoisses viscérales, de fantasmes sur le ressentiment post-colonial des Noirs et de rêveries érotiques génératrices de culpabilité. Je ne saurais pas faire taire le malaise au fond de mon cerveau reptilien de petite Blanche élevée parmi les Blancs, ni surmonter ma fascination équivoque devant le grand Autre, le Fondamentalement Différent, la face antipodique de ma blancheur.

Je ne pourrais pas élever un enfant noir sans appréhender les regards interrogateurs ou entendus. Je les provoquerais, j'irais même au-devant d'eux, brûlant d'un orgueil de mère sur la défensive. La couleur de l'enfant m'aveuglerait, ferait écran.

L'Asie, par contre, c'est l'altérité sans risques. L'adoption en Asie charrie tout un fatras d'exotisme décoratif, lanternes rouges, soieries et chapeaux de paille ondulant paisiblement au rythme des buffles dans les rizières. C'est le voyage immobile, *Little Buddha*, les romans de Joseph Conrad, Han Suyin ou Dai Sijie.

On ne dira jamais assez l'influence de *L'Odeur de la papaye verte* sur l'adoption internationale au Vietnam. Le film de Tran Anh Ung fut intégralement tourné en studio près de Paris. Saïgon-sur-Seine. Le Vietnam importé, magnifié, aseptisé. Comme les enfants adoptés.

Nous sommes victimes du mythe de l'enfant-bouddha, l'enfant parfait, gracieux, travailleur, mesuré dans ses gestes, toujours souriant, facilement intégré.

Adopter un enfant noir, c'est aller au bout du voyage vers l'autre. Un type de la

DDASS remarquait que les enfants chinois, cambodgiens ou vietnamiens sont très recherchés par les cadres supérieurs et les artistes, les professions libérales soucieuses de leur image. Chargés d'une histoire dont même les épisodes les plus barbares sont perçus comme conséquence du raffinement de leurs civilisations d'origine, ces jolis enfants dispensent une précieuse valorisation narcissique à leurs parents.

J'ai pensé à tout.
Je me suis passée au crible, pendant des heures et des nuits sans sommeil, et je conserve sur ma table l'or de l'amour, mais aussi l'égoïsme et le calcul, côte à côte.
Je sais d'où vient ce désir d'Asie.
Je n'y renoncerai pourtant pas.

LE BON COUPLE QUE VOILÀ

J'imagine. Cela m'angoisse et me trouble.

L'année doit être 1949. Le lieu, Tunis, après la guerre.

Mon père, mi-humain, mi-anglais par sa mère, tombe amoureux d'un volcan en robe légère. Fille et petite-fille de parfumeuses réputées pour leur épicurisme, la jeune Claudie est une beauté. Tous les garçons des grandes demeures patriciennes, tous les conscrits de 1925 comme mon père en sont dingues. La fille est libre, drôle, insolente comme une jeune femme qui n'a rien à perdre. La fille est brune et, lorsqu'elle a chaud, des petites gouttes de sueur se forment au-dessus de sa lèvre supérieure. Tous ont envie de lécher les gouttelettes pour se désaltérer.

Claudie est jeune, vingt-deux ans, mais sa voix est déjà si rauque que la lumière semble diminuer d'intensité lorsqu'elle parle. Claudie vit à Tunis mais elle est en phase avec Saint-Germain-des-Prés.
Elle parle. Elle fume. Dans la bande, elle est la seule fille de son âge à tant fumer et parler. Littérature, cinéma américain, actrices, puff puff, jazzmen, puff puff, puff puff, « comment concilier la fougue de nos jeunes corps avides avec une vie conjugale stable qui nous assurera une descendance, une sécurité, une place au soleil, » puff puff, « avez-vous lu Virginia Woolf ? ».
Elevée par des femmes, elle n'a que des amies. On ne lui a pas connu d'amoureux sérieux avant mon père. Elle lui semble très attachée. Lui plane. Il n'en revient pas, lui l'introverti, de parader au bras de cette bombe.

Très vite ils se marient, très vite ils ont un garçon, puis une fille. Le fils a les yeux de sa mère, deux meurtrières vertes. La fille manifeste l'indépendance de sa grand-mère maternelle. Jolis enfants, famille publicitaire sur les photos. Mon père est avec la plus belle fille de Tunis.

Un an, deux ans, trois ans se passent. Aucune alerte. Le bon couple que voilà. Pas de lassitude. Il faut dire que mon père voyage régulièrement. L'absence entretient le désir. D'autant qu'il ne court aucun risque lorsqu'il disparaît pour son travail : Claudie est chaperonnée par son amie Arlette. Arlette a trois ans de plus que Claudie et elle est si raisonnable et effacée que mon père la trouverait presque ennuyeuse, mais pas question de se plaindre.

Elle tient compagnie à sa femme.

LOVE ME TENDER

J'imagine toujours, et cela me trouble toujours plus.
Je me rapproche, mais de qui ou de quoi ?

Nous sommes en 1960. A Paris.
Ils viennent de quitter la Tunisie. Séparément.
Claudie est partie avec Arlette.
Enfin.
Partie...
Elles n'ont jamais cessé d'être ensemble. Arrivées ensemble dans la vie de mon père, elles ne se sont pas quittées, mais ont simplement expulsé la cellule devenue surnuméraire. Claudie a de l'argent de famille,

les enfants sont en pension. Claudie veut vivre en accord avec elle-même.

Alors. Alors mon père, ce fardeau au sourire si doux, pense qu'il va mourir. Il a appris la vérité juste avant la grande transhumance familiale du retour en métropole. Il y a eu des trafics terribles de valises. Des enfants expédiés à l'épicerie, au cinéma, dehors, au Sporting Club, chez leurs cousins, au diable vauvert, à toutes les heures du jour et de la nuit.
Dix ans d'amour en trompe-l'œil.
Aujourd'hui, alors qu'Elvis Presley chante sur tous les postes de TSF du pays *Love Me Tender*, mon père souhaite mourir. Il n'est pas en colère, seulement fissuré par la douleur. Il perd la femme de sa vie, la seule femme qui l'ait jamais impressionné depuis Tunis. Et le scandaleux attentat à son moi d'homme n'y changera rien : il l'aime.
D'ailleurs il se suicide en rêve.
Et il rêve de Claudie.
Il fuit de partout, mon père. Comme

un sac de perfusion criblé de piqûres d'aiguilles.

Du coup, il se désintéresse un peu de ses enfants. Sa fille, ma demi-sœur, ne le lui pardonnera pas. Elle a onze ans et demi à l'époque. Elle est le portrait craché de sa mère.

Les ondes brûlantes de sa révolte me touchent des années plus tard, lorsque son père se remarie et devient le mien.

J'AI RÉCUPÉRÉ MON PÈRE IN EXTREMIS

Mon père fredonne le standard de Frank Sinatra « *When I was seventeen… it was a very good year… It was a very good year for small-town girls…* » en garant sa voiture au parking de la Madeleine.

J'ai quinze ans. Nous sommes en 1978.

Il est l'homme de ma vie. Je le suis partout comme un petit chien, je veux tout faire comme lui, je veux être à son image, je veux être lui.

Aujourd'hui, par exemple, nous sommes dans un restaurant russe assez chic, une petite bonbonnière turquoise de la place de la Madeleine, et ce merveilleux dingue (me dis-je) me fait rire en commandant à un serveur penché « un russian burger, deux blinis, une tranche de saumon, et de la crème fraîche au milieu ». Le serveur ne prend pas la peine de sourire à cet humour assez laborieux, mais moi je trouve irrésistible et dépaysant tout ce que dit mon père, tout ce que fait mon père.

Depuis quelques mois, j'ai adopté ses manies ; je fume, je lis ses romans, les séries noires et les SAS, je bois du « *scotch on the rocks* » ; là, je suis à la fois papa et Malko Linge. L'alcool me fait cracher et tousser, je n'aime pas ça, mais je me sers en douce dans un de ses petits gobelets en argent et j'avale la tête bien en arrière.

Autre chose. J'écris comme lui. Je m'entraîne pendant des heures à imiter sa signature. Je ne l'utilise pas, je souhaite simplement me fondre et disparaître dans ses formes. Je trace les « r » et les « 4 » exactement comme lui. Je remplis des pages de « r » et de « 4 ». L'exercice m'hypnotise. Je suis un scribe ventriloque. Je ne m'arrête pas là. Le Devenir-Papa me galvanise.

Je me rengorge lorsque des étrangers ou

des amis de la famille nous font remarquer combien nous nous ressemblons.

Je ne veux pas ressembler à ma mère ; ma mère m'empêche d'être tout à mon père. Mon urgence c'est mon père. Pour ma mère j'ai toute la vie. Je n'arrive pas encore à comprendre la nature du lien qui m'unit à elle. Elle dit NON et elle a le rôle ingrat, puisque mon père dit OUI à tout. Elle rectifie, repasse derrière lui, ferme ce qu'il ouvre avec son grand sourire de père complice. «Complice» est le mot préféré de mon père. En y repensant, je décèle dans ce terme une connotation délinquante, mais à quinze ans je suis orgueilleusement complice. Il me dit que nous sommes pareils, lui et moi, que je le comprends tandis que ma mère ne le comprend pas.

A la longue, j'ai l'impression que ma mère est aussi sa mère.

Mon père comme moi savons bien que nous ne sommes rien sans elle. Toutes ces complicités gamines finissent par me donner le sentiment que je fais un enfant dans le dos de ma mère avec mon père, ce qui m'exciterait plutôt.

Mon père me traite comme une maîtresse mais je suis mieux qu'une hypothétique maîtresse puisqu'il se confie à moi, et que moi, je ne peux pas le lasser, lui faire du chantage ou le quitter. Je suis sa confidente.

Sa maîtresse platonique.

Mon cerveau malade trouve ça grisant.

Je n'ai strictement rien à lui raconter puisque je ne vis pas en dehors de lui. J'ai vaguement touché les seins d'une fille après le lycée. Sophie B. Elle était vêtue été comme hiver de petits cardigans turquoise. Elle était triste et rousse, macérait dans *Thérèse et Isabelle* de Violette Leduc. Sa chair et ses silences m'ont vite fait peur.

J'ai bien embrassé un garçon, mais je ne me suis pas fatiguée pour le trouver : j'habite au cinquième étage, lui au sixième, nous sommes dans le même lycée, à une classe d'intervalle. Nous nous croisons au moins une fois par jour dans l'ascenseur. Une après-midi il s'est collé contre moi, j'ai chancelé, je n'ai pas eu besoin de lui proposer de me suivre à la maison car il l'a fait d'emblée. J'ai fait entrer ce beau brun qui n'a rien dans la tête, forcément puisqu'il n'est pas mon père. Mais il désirait ma bouche et je la lui ai cédée bien volontiers.

Nous étions au début de l'été, nous étions dans ma chambre, sur mon lit, nous nous roulions des pelles assez douces, je découvrais l'excitation des respirations mêlées, la sensation de deux langues l'une contre l'autre était pétillante, elle me creusait le ventre au burin, irriguait mes jambes, je ne pensais pas qu'une langue prenait autant de place dans une bouche, je pensais à la langue de bœuf du boucher, aux petites cervelles d'agneau que me cuisinait ma grand-mère, je me demandais en gémissant si le plaisir est commandé par un endroit bien précis de mon cerveau. Tout cela était distrayant. Soudain la porte s'ouvrit, et mon père fit irruption dans la pièce.

Il nous vit, ne dit pas un mot et en ressortit aussitôt. Au lieu de beugler que l'on frappe avant d'entrer chez son enfant, au lieu d'avoir mon âge et de siffler « merde fait chier » entre mes dents, je me suis précipitée derrière mon père et l'ai rejoint dans son dressing, où il était en train de se changer.

Sa stature, sa puissance me terrassèrent. Il mesurait tout à coup deux mètres vingt de haut, il était colossal, il risquait de faire craquer le chambranle en reprenant sa respiration. J'aurais aimé qu'il le fasse, que tout pète, qu'il tonne, m'empoigne, explose. J'aurais voulu l'apaisement définitif de ce sentiment que, faute de mieux, je nommais « mon exaspération ».

Je n'ai pas compris sur le moment que je venais de me constituer prisonnière d'un horrible conte de fées. Mon père et moi ne nous sommes pas parlé mais les choses étaient claires. C'est lui que j'avais choisi, pas le garçon qui m'attendait sur mon lit.

Il s'appelait Frédéric L., et je ne l'ai plus jamais embrassé.

Trois mois plus tard, et malgré ma réputation au lycée de pucelle à son papa, ma chasteté me convient car j'ai récupéré mon père in extremis au milieu de ses chemises, et j'aime sentir que je lui ai sacrifié quelque chose. Mais quoi ?

Plus que tout, j'aime que l'on dise de moi à cette époque « Ah c'est bien la fille de son père ! Elle lui ressemble tellement ! »

HARIHARA SE FERAIT BIEN HARA-KIRI

Déprime. Poussière, pollution, pauvreté. Je voudrais recueillir tous les petits qui vont cul nu dans la rue. Les mouches grouillent au bord de leurs yeux mouillés. Les poux les sucent. Leurs bras sont décharnés, leurs sourires braves. Braves, et cariés. Leurs grosses têtes sont piquées sur des corps pas plus épais que des cotons-tiges. Les enfants des rues de Phnom Penh sont les dommages collatéraux de la guerre que ce pays mène contre lui-même depuis le départ des Vietnamiens, contre son passé et ses démons. Tout petits garçons shootés à la colle, c'est moins cher que l'éther. Toutes petites filles livrées aux mains moites d'adultes chinois ou occidentaux, fillettes de douze ou quatorze ans, parfois moins, qui meurent à l'intérieur, le temps de la passe, avant d'empocher un dollar. Parfois dix, pour la nuit entière, « *Mista', me good to you, all night, Mista'...* »

Je vais au Musée national pour ne plus rien voir et tuer le temps en attendant un rendez-vous avec quelqu'un et même n'importe qui du consulat. Ces mots, consul, affaires consulaires, me font penser à Marguerite Duras qui grandit tout près d'ici, dans ce qu'on appelle la région des polders. *Un barrage contre le Pacifique*, c'était à Prey Nup, à cent cinquante kilomètres de Phnom Penh, sur la route de Sihanoukville, en pays khmer. J'irai voir ce qui reste de la maison de la jeune Marguerite si j'ai le temps.

Je n'irai pas.

Le Musée national semble à l'abandon. Des hommes à peine vêtus s'éventent sur des bancs de bois à l'entrée de chaque salle. Les moustiques s'affairent voluptueusement autour des rares visiteurs. Les étiquettes informant sur les œuvres datent pour certaines du protectorat. Tout est entassé en vrac dans des vitrines qu'on a oublié d'éclairer. Le célèbre Vishnu en bronze à huit bras du VIe siècle végète dans un coin, et Harihara se ferait bien hara-kiri. Des sourires de bouddhas hiératiques flottent dans l'air au milieu d'une odeur d'encens, d'amidon, et de tissu moisi.

Cloués au sol par la chaleur, nous tous, les vivants et les presque morts, nous espérons la pluie.

J'AI HONTE

La dimension mercantile de l'adoption me rend malade. Si je croise un couple d'Occidentaux dans les rues, je les suspecte d'être à la chasse à l'orphelin. Comme pour me narguer, des Belges bruyants flanqués de quatre moucherons khmers s'ébattent à la piscine de l'hôtel.

J'ai honte. D'eux. De nous. Grandes choses blanches riches penchées sur de toutes petites choses jaunes très pauvres. Je rumine «prédateurs, voleurs, colons». Combien ont-ils payé ?

Comme moi, ils verseront pourboires, bakchichs, dons, ou offrandes à l'orphelinat, peu importe les noms que revêtent ces transactions. Cette partie de l'adoption est le royaume de la périphrase. Je ne suis pas dupe de mes considérations offusquées. Nous sommes tous les mêmes en Asie, mais l'avidité semble plus visible et choquante chez les gros blonds charpentés comme des déménageurs, même si leur désir est sincère d'offrir une nouvelle vie à un mal-parti.

Les Belges quittent l'hôtel ce soir. Ils trinquent dans le hall tandis qu'une colonne de poussettes stationne sur le perron. J'évite leur groupe. Malgré ma solitude, je ne veux rien connaître de leur expérience. Je n'ai rien lu sur l'adoption, hormis quelques témoignages d'adoptants plus ou moins chanceux glanés sur des sites Internet spécialisés. Je veux être vierge quand je rencontrerai ma fille.

Pas de message de l'ambassade.

Je ne vois plus qu'une visite à Tuol Sleng, cet ancien lycée devenu le centre de torture S-21 des Khmers rouges, et transformé en musée du génocide, pour toucher le fond du désespoir.

PETIT ENFANT TU VIENS BIEN PAUVREMENT

La voiture de Clint s'engage sur le boulevard Monivong en direction du sud, traverse le Bassac et bifurque au rond-point, vers les rues 206 et 107 : il est sept heures du matin et j'ai de nouveau rendez-vous avec le bon docteur à Ta Khmao.

Les portes de la polyclinique sont grandes ouvertes et je manque de marcher sur un vieillard fripé absorbé dans l'examen à quatre pattes d'une affiche vantant les bienfaits des légumes verts, et qui m'adresse un magnifique sourire édenté. Posé sur un lit, un bébé de deux jours attend sa prise de sang. Si le résultat de la sérologie HIV est négatif, il rejoindra la pouponnière des enfants destinés à l'adoption, sinon une nouvelle structure consacrée aux bébés malades du sida l'accueillera.

Je sue comme une condamnée. Soudain une femme fait irruption dans le bureau du docteur et se poste à mes côtés, un bébé dans les bras.

Mon cœur s'envole. Se peut-il que cette petite fille me soit destinée ?

Pas comme ça, pas si vite ! Pourquoi nous mettre en contact de façon aussi brutale ? La femme s'éclipse au moment où le docteur revient. J'ai peur de perdre tous mes moyens devant lui.

« Vous allez pleurer... » me dit-il.

« De joie » ajoute-t-il trois secondes plus tard. « La vôtre est beaucoup plus belle ha ha. »

Et il me renvoie, prétextant une consultation, refusant de me communiquer le nom de ma petite fille, son âge, ou même de me montrer une photo. Je me retrouve sur le trottoir, sonnée, bouche ouverte, m'interrogeant sur le sadisme de ce type «sensass». Je dois ressembler à une tanche assommée par un marteau.

Venue du fond des temps, je trouverai ce soir dans une Anthologie de la poésie française du XVIe siècle abandonnée à l'hôtel la complainte éternelle de l'orphelin.

«Petit enfant peux-tu le bien venu
Estre sur terre où tu n'apportes rien?
Mais où tu viens comme un petit ver nu?
Tu n'as ni drap, ni linge qui soit tien,
Or, ni argent, ni aucun bien terrien :
A père et mère apportes seulement
Peine et souci; et voilà tout ton bien.
Petit enfant, tu viens bien pauvrement!»

Lire ce poème ne me calme pas.

LE REGARD CALCUTTA

Lundi dernier, je me suis immobilisée dans un escalator de l'aéroport Charles-de-Gaulle en me répétant « je pars chercher un enfant », et ces mots n'avaient strictement aucune signification.

Aujourd'hui, à quelques minutes de découvrir son visage, je n'ai toujours pas le sentiment d'être dans la réalité, mais plutôt dans un rêve très précis et convaincant aux contours coupants.

Je suis arrivée en avance, pour surprendre les enfants dans leur quotidien. Un mur d'enceinte enserre un jardin potager et deux bâtiments peints en jaune poussin. Je suis frappée par les carrés de légumes, l'abondance de massifs de fleurs, les allées de gravier soigneusement ratissées. Un sentiment de villégiature anime les lieux, alors que je m'attendais à la plus grande déshérence. Holy Baby II est en pleine campagne. L'endroit évoque une vie simple et une pauvreté digne, mais nous sommes en été et le soleil passe une couche de vernis trompeur sur la misère.

Au pied des marches de la pouponnière, un chien galeux frétille. Un sourire de bienvenue lui fend la gueule d'une oreille à l'autre. La brave bête ne me lâche pas.

De grands enfants en chemisettes blanches se précipitent vers moi en zozotant « Bonzour madame » puis me saluent les mains jointes. Ils habitent le village et viennent déjeuner tous les jours à l'orphelinat.

Des nuées d'insectes me harcèlent.

La chaleur est abrutissante.

Il est huit heures.

Véloces et nus comme des asticots, des enfants rampent par terre. D'autres sourient dans les bras de leurs nourrices. J'avance prudemment dans la pouponnière, à l'invitation de la nurse en chef. Le sol n'est peut-être pas nettoyé deux fois par jour, mais on sent que le docteur K. est rigoureux sur l'hygiène.

Dans le dortoir, c'est l'explosion du réveil. Les plus grands bébés s'agrippent aux barreaux de leurs lits et me mangent des yeux. Un petit albinos se rencogne dans l'ombre. Un autre oscille de droite à gauche, inlassablement. J'ose à peine les regarder, ce serait leur donner un espoir, les faire souffrir une seconde de trop par rapport à ce que certains ont déjà enduré, si j'en juge par les commissures tombantes et les toutes petites épaules voûtées.

Je ne m'attendais pas à ça. Comment aurais-je pu me préparer à me retrouver les bras ballants devant trente orphelins qui espèrent tous plus ou moins consciemment décrocher un bon de sortie ?

Où sont les gestes précautionneux, les paroles d'accompagnement, les dernières consignes données aux adoptants ? C'est littéralement le saut dans le vide.

Comme me le confirmera plus tard une

députée qui parcourt les provinces et introduit le préservatif auprès de femmes illettrées persuadées qu'on attrape le sida uniquement si l'on a des relations sexuelles pendant les règles, les orphelins auraient conscience de leur condition, et ils s'arrangeraient pour choisir leurs parents, avec un sourire, un regard ou un geste, lorsque ces derniers ont le bizarre privilège de se déplacer à l'orphelinat.

Je suis au bord de la panique. L'indécence de la situation, sa secrète grandeur, la banalité de ce premier contact avec les bébés, tout se mélange. J'ai l'impression d'être une volaille décapitée qui tournicote sur elle-même entre les lits. Je ne veux pas avoir à choisir. Je n'ai jamais ressenti pareille solitude.

Combien de fois dans une vie peut-on identifier si précisément l'instant où notre destin bascule ?

Se tenir à la croisée des destins, aussi concrètement que mes mains sont posées sur le bord d'un petit lit de bois est un truc terrifiant. Un exil, un deuil, un mariage, je ne vois pas ce qui pourrait égaler ce moment où un échange de regards enchaîne à jamais deux individus.

Les nounous me guettent gentiment, elles épient mes réactions mais ne me sont d'aucune aide car elles ne parlent pas un mot d'anglais. J'essaie de décrypter les regards qu'elles jettent aux fillettes, mais la sueur coule dans mes yeux et une angoisse quasi paralysante brouille mon jugement.

Je n'y arriverai pas.

Une femme me met dans les bras Champa, la petite fille qui m'est plus ou moins attribuée. Champa est la reine, ici ; elle est talquée, coiffée, bien mise en valeur dans sa robe blanche adornée de rubans, et elle me regarde comme si j'étais un pan de mur. Ses yeux glissent sur moi, son regard s'échappe à travers la pièce pour revenir se poser sur sa nourrice, dont elle contemple fixement le nez, tandis qu'un tout petit filet de bave coule de ses lèvres étirées en un sourire béat.

Je vois bien que Champa ne me voit pas.

Une collaboratrice de l'orphelinat roucoule de façon insistante, raconte combien elle aime cette petite merveille, Oh La gentille Champa qui comprend tout La mascotte de l'orphelinat, Hein elle la prendrait si elle le pouvait Si sage Si éveillée Si câline Goodgood...

BEN VOYONS ! ai-je envie de hurler, cessez, cessez de me presser, de me forcer, laissez-moi le temps d'immobiliser les milliards d'impressions qui tourbillonnent à l'intérieur de moi, donnez-moi le temps d'avoir une certitude.

Je ne dis rien, j'ai si peur de déclencher un drame, d'être mise à la porte, je me sens friable, je voudrais m'asseoir par terre, attraper mes orteils, secouer la tête de droite à gauche comme l'albinos du fond qui se cache, et geindre tout mon saoul.

Je sais que Champa a presque quinze mois, et je devine qu'on me la propose en priorité parce que ses chances d'être adoptée diminueront au fil du temps. Nous voulons tous de la chair jeune et fraîche, des bébés si peu terminés psychologiquement qu'une empreinte étrangère s'y enfoncera comme dans un sol meuble.

Nous voulons des bébés avant le stade du langage, nous voulons une glaise que nous pourrons modeler à notre guise. Nous sommes exigeants. Sûrs de notre bon droit, sûrs d'avoir tous les droits, au nom de notre abnégation, de notre altruisme. A l'heure de pénétrer dans les orphelinats du monde, nous sommes des clients complexes et des fous, les derniers aventuriers du monde d'aujourd'hui, des inconscients. Nous ne savons pas ce que nous sommes mais nous savons ce que nous voulons.

Aujourd'hui, à Boeung Kyang, tous les moyens sont bons pour me convaincre d'adopter l'enfant la plus âgée. Je chasse une image de foire aux bestiaux. Je me trouve injuste. Mais l'immense sentiment de mortification qui m'envahit est lui aussi injuste.

Rien.

Il ne se passe rien entre Champa et moi. Tout devrait se jouer en une nanoseconde ; j'attends que se produisent les symptômes du coup de foudre : l'évidence euphorisante, la boule de chaleur et la vague de froid qui se coursent à travers le corps, l'arythmie cardiaque. Je suis sans doute victime d'une vision romantique de l'adoption, dans laquelle prévaut la reconnaissance des âmes entre elles, mais je ne peux pas supporter l'indifférence de ce bébé.

L'air est irrespirable malgré les ventilateurs, les nounous préparent les bouillies du déjeuner et je sens grandir leur impatience. Je les retarde avec mes atermoiements. Il faudrait qu'on en finisse, un enfant est un enfant.

Quatre ou cinq minutes, guère plus, se sont écoulées depuis mon arrivée, mais le temps a depuis longtemps changé de nature et ma tête est une machine à pop-corn déréglée.

Je suis désorientée et je me mens à moi-même. Je me dis qu'après tout, Champa est peut-être intimidée. Echaudée par des tentatives d'autres parents adoptants qui auraient tourné court, et dont je ne serais pas informée.

Je la reprends dans mes bras, souffle sur son visage pour la faire sourire, lui parle, la cajole, mais elle promène sur moi un regard vide, je suis une cuillère, un bout de bois, un obstacle dressé dans son champ de vision, c'est fou d'être niée ainsi, je commence à me dire que la maternité n'est pas faite pour moi.

Et puis, derrière l'indéchiffrable Champa, et jusqu'à présent cachée par elle, j'aperçois une toute petite fille couverte de dartres et de boutons de chaleur, qui agrippe les barreaux de son lit et me fixe, me fixe et me parle, me parle et me crie, la petite muette déchirante, crie avec tant de force que je détourne d'abord le regard, car elle m'appelle, elle m'intime un ordre, et c'est évidemment celui que j'attendais, mais je le redoute : « Tu vas me sortir de là tout de suite. »

Ses yeux emplis d'une immense tristesse me médusent.

Le regard Calcutta.

C'est elle.
Un puits sans fond de réprobation.
Elle n'est pas belle. Elle est rougeaude, croûteuse, hirsute et maigre. Elle a quelque chose de fiévreux, elle est magnifique et vibrante de colère. Chat écorché, affamé. Je la sors de son lit, elle se cramponne en douceur à mes bras, elle est si légère que je manque de la lâcher, le poids d'un ballon d'anniversaire, elle lève sa tête chafouine vers moi, darde deux points d'interrogation qui me coupent les jambes.

C'est bien elle, et je le sais avec une certitude si absolue que je me demande si je n'ai pas rêvé de ce visage. Ce que je vois est familier, il me semble me voir en elle.

Me voir à l'état pur, sans âge. Un regard noir, une bouche pincée, une envie d'être aimée et consolée d'on ne sait quoi. Sa peau a été prélevée sur la mienne, sa dureté et son chagrin ont grandi avec moi, dans ma chambre d'enfant du bout du couloir.

Je connais ce bébé. Si je ne l'emmène pas, son souvenir ne me laissera pas en paix.

Je suis arrivée à destination.

Je repose l'enfant, ayant visualisé son prénom sur l'étiquette du lit : Thavery.

Je me retourne alors vers Champa qui a cessé de me regarder. La maigrichonne Thavery est ma fille, mais je ne veux plus m'adresser à elle, afin de ne vexer personne et de conserver à ce moment aussi épouvantable que merveilleux un minimum de dignité.

Après avoir imploré Celui que j'avais laissé tranquille pendant quelques décennies, je ne sais d'ailleurs pas lequel est le plus étonné de ce come back, Lui ou moi, je tente d'attirer une dernière fois l'attention de Champa qui s'en moque bien, lui bredouille quelques mots d'adieu, et je m'engouffre trempée de mauvaise sueur dans la voiture de Clint, direction Phnom Penh et la polyclinique, pour le compte rendu de ma visite.

Sur la route du retour, je me confie à l'épouse du docteur qui nous a rejoints à l'orphelinat. Elle proteste avec cette froideur souriante qui me rend dingue « Oh Thavery pas possible réservée par des Italiens, oui ils ont vu la photo, non vraiment pas possible trop trop tard, mais Champa est mignonne, ou Rumcheng, encore plus petite, c'est bien, petite, six mois, bien pour vous ».
J'aurais aimé que tous ces nourrissons soient interchangeables mais nous nous sommes choisies.

Je vais refuser la seconde visite suggérée par l'épouse, rentrer à l'hôtel, nager jusqu'à l'épuisement, me saouler à mort et prendre l'avion pour Paris demain soir. Ce coup de foudre m'a bouleversée, je ne me vois pas refaire demain la tournée des lits-cages. J'opte pour l'attitude de repli, la survie. J'aviserai à Paris.

Je serai une marraine de rêve pour les enfants de mes amis.

Face au docteur K., je ne sais plus comment décrire ce qui vient de se produire. Lui confier mon sentiment, c'est nier cette pauvre Champa, mais ne pas le faire, ce serait me trahir moi-même. Je lui relate la rencontre, en espérant ne pas le choquer avec ce qui pourrait ressembler à un caprice.

«Docteur, cette petite fille maigre, de quatorze mois, Thavery...»

La suite ne sort pas.
– Il me la faut ?
– Je la veux ?
– Elle est pour moi ?
– Elle est mieux que l'autre ?

Ce sera pourtant dit, avec des mots que je veux oublier, les mots de la nécessité intime.

Un conciliabule se tient en cambodgien entre le docteur et sa femme qui ne cache plus son agacement. Y a-t-il vraiment des Italiens en instance d'adoption ? Je ne le saurai jamais.

Le couple m'invite poliment à prendre congé, avec la promesse d'une réponse téléphonique dans la soirée.

Je traverse les quelques heures qui me séparent du verdict dans un état de fureur apoplectique ; je m'en veux de me retrouver pieds et poings liés, totalement impuissante face à une situation devenue inhumaine. Je le hais, lui et son épouse. Je m'en veux d'aimer déjà ce bébé, de m'abandonner pleinement à ce sentiment, au risque de ne pas savoir comment surmonter la déconvenue d'une réponse négative.

A cinq heures, le téléphone me sort du lit.

« Poul vous c'est d'accord, on va s'arranger, d'accord poul Thavery. »

J'entends Texavery.
Et je ris.

UNE PÉRITONITE MORTELLE

Je ne peux plus m'arrêter de tirer sur ce fil qui passe maintenant par l'année de mes seize ans.

Depuis quelques mois, mon père m'emmène régulièrement déjeuner à la brasserie Lorraine, place des Ternes. Je me souviens d'huîtres, d'un verre de champagne en apéritif, de tartes fines aux pommes caramélisées, et de ma fierté à être assise face à un si bel homme, si désirable, convoité par les regards insistants des femmes des tables voisines.

Pour être beau, il l'est. Ma mère dit parfois qu'il ressemble à David Niven mais cela n'a pas l'air de la réjouir.

Pour la première fois de notre histoire, papa aborde la question « Claudie ». Je suis au courant depuis des années du drame amoureux vécu par mon père. L'histoire m'est arrivée par magie, par bribes, mots surpris, phrases reconstituées, allusions chuchotées lors des conversations téléphoniques de ma mère.

L'histoire de mon père m'a pénétrée, contaminée, ensorcelée au fil du temps.

Elle s'est implantée en moi dans l'obscurité de ma chambre et la chaleur de mon lit étroit pour atteindre en cette année de mes seize ans des proportions imposantes, et une vie bien à elle. Elle s'est translatée dans mon corps. Mon appendice m'élance en permanence. Je me garde bien d'en parler à mes parents, cette excroissance gonflée est à moi, j'y pense avec un plaisir horrifié, je redoute une péritonite mortelle et la souhaite un peu, elle me punirait de mon obsession pour Claudie. Le mot « désir » n'est visiblement pas encore entré dans mon lexique.

L'histoire de mon père met en scène une femme riche du secret de la plus terrible séduction, une femme vertigineuse, un trou noir qui vous engourdit et vous attire avec des bruits de succion. Une femme à part, qui fait mal à ceux qui l'aiment et s'en fait pourtant aimer à jamais. Un mythe que je m'approprie depuis mon enfance, que j'essaye d'épuiser, que je couve comme une poule jalouse.

Je sens que cette histoire a des choses à me dire, mais lesquelles ?

Sans cesser d'avaler ses fruits de mer, mon père répond patiemment à mes questions sur Claudie. Il évoque son sens de l'humour cinglant, une certaine carapace d'indifférence dont il souffrit dès le début, son indépendance aussi. Tu parles. Il ne l'a pas vue depuis des années.

Soudain, en réponse à l'une de mes remarques idiotes sur le goût de ma mère pour l'ordre, une remarque de petite pute adolescente désireuse de plaire à son papa, il me lance « Ah c'est vrai que tu ne lui ressembles pas beaucoup, tu n'es pas la fille de ta mère ! »

Puis il termine son verre de chablis.

C'est pire que la lumière des étoiles mortes qui nous arrive des millions d'années après leur disparition.

La phrase de mon père a mis dix ans pour voyager jusqu'à moi et se faire entendre.

En 80, je cheminais avec difficulté dans ma vie d'adolescente, dévorée par le besoin d'appartenance propre aux enfants uniques encore plus qu'aux autres, et je n'ai pas entendu ce qu'il m'a dit.

Mais CETTE PHRASE est demeurée en suspens dans le temps, arrêtée dans sa position originelle, en violation de toutes les lois de la physique, et du travail de l'oubli.

Tu-n'es-pas-la-fille-de-ta-mère.

Cette phrase anodine sur laquelle je me suis longtemps acharnée sans arriver à en percer le sens, est devenue un petit satellite géostationnaire effectuant de belles arabesques dans ma mémoire, sans doute pour l'éternité. Absente de mes écrans radar pendant onze ans, elle m'a percutée un jour où je ne m'y attendais pas, au printemps 1990, alors que je pleurais un garçon enfui, allongée sur un divan de la rue Claude-Bernard.

Non, je n'arrivais pas à le croire, c'était trop beau pour être vrai. Mon père m'a dit ça et il a bu. La petite gorgée de vin blanc frais après la giclée de poison me rendait folle. L'inconscience de tout ça. Personne ne pense jamais à mal dans les familles.

Lorsque j'étais petite, il m'arrivait régulièrement de me poster dans le couloir de l'appartement et de prononcer un mot à toute vitesse jusqu'à ce qu'il se vide de son sens et tombe lentement à mes pieds comme une mue de reptile, ce qui me procurait une extase indicible. Cela marchait admirablement avec « monde », « enfant », « moufle », mais surtout avec « maman ». A dix ans, j'ai compris que je venais de découvrir un extraordinaire outil à pulvériser le réel, et qu'il me faudrait l'utiliser avec la plus grande prudence, faute de quoi je disparaîtrais dans un univers à jamais privé de sens.

UNE MORALITÉ DE CARMÉLITE

La décision de ne pas m'aventurer dans les voies biaisées de la reproduction fut sans doute prise pendant mon adolescence, à mon insu. Sables mouvants en amont? Voie sans issue en aval.

L'avantage de ce choix drastique, c'est que j'ai pu profiter de la vie et faire l'andouille jusqu'à pas d'âge. Tout fut possible puisque tout était déjà gâché. Mais aujourd'hui, il y a un problème.

J'ai besoin d'aimer un enfant.

Je démarre donc en juin 2002 une procédure d'adoption. Elle durera neuf mois, ainsi que l'exige la loi.

Quant à la phrase venimeuse, elle est devenue une très vieille parente un peu misanthrope mais pas méchante que l'on héberge par nostalgie dans une annexe au fond du jardin, sur laquelle on veille attentivement afin qu'elle ne sème pas le désordre.

« Tu n'es pas la fille de ta mère ! » est une suite de mots désormais inoffensifs et même un peu comiques. Comme les gencives d'un vieillard ayant perdu toutes ses dents.

Elle me fait penser au diable brésilien macumba offert à André Breton par un de ses amis dans les années cinquante. Il avait intégré ce petit objet sorcier à sa fabuleuse collection, mais s'en méfiait. Par jeu, et par superstition, Breton apaisa le diable en déposant tous les jours à ses pieds une coupelle emplie de rhum et de pain.

Ce livre est mon gage, mon offrande de rhum, le cabanon que j'aurai construit de mes mains.

Adopter et se faire adopter.
Ne pas chercher ses propres traits reproduits dans ceux de l'enfant, ce miroir flatteur, mais chercher l'enfant en soi et lui

dire le cœur en paix «Tu n'es pas la fille de ta mère». Ce qui constituera le début de la vérité et de notre histoire.

Ajouter «Tu es la fille d'une mère biologique qui n'a pas pu te garder, mais t'a aimée au point de te donner une deuxième chance. Tu es dorénavant la fille d'une femme qui veut greffer ton histoire sur la sienne.»

Aujourd'hui, veille de mes quarante ans, un appel de ma gentille enquêtrice sociale m'annonce que la Direction de l'Action sociale de l'Enfance et de la Santé veut bien me délivrer un agrément pour «accueillir un enfant en vue de son adoption». Mon désir d'enfant sera comblé. Je n'aurai pas besoin de voler un nouveau-né dans un square.

Mon agrément, valable cinq ans à dater d'aujourd'hui, m'autorise à adopter UN enfant âgé de moins de dix-huit mois. Je relis la conclusion du rapport social de la DASS : «Elle présente un projet d'adoption finement réfléchi et bien élaboré auquel adhèrent ses proches. »

Engager une procédure pour adopter un enfant vous remet dans la peau d'un écolier. Evaluation, punition ou félicitations. Contrairement au coït d'un soir qui est une affaire strictement privée, même s'il produit quelqu'un neuf mois plus tard (« Un enfant ? Un fruit qu'on fit... »), la demande d'adoption est examinée et jugée par des fonctionnaires de l'Etat français qui vous ont vu cinq heures dans leur vie au grand maximum. Toutes ces preuves à fournir, ces justificatifs à réunir, ces attestations de moralité, de bon voisinage, de stabilité professionnelle, de solvabilité bancaire, de bonne santé physique, neurologique, psychologique. Selon son tempérament, l'adoptant évoque un chemin de croix ou un parcours du combattant.

Il veut tellement bien faire. Son courage est émouvant. A quelle autre occasion de la vie vous demande-t-on de justifier d'un organisme d'athlète, d'un cœur de pilote de ligne, d'une moralité de carmélite, d'un inconscient bénin comme une grenade désamorcée ?

Le postulant à l'adoption en France est un peu infantilisé. Traité comme un gamin suspect, forcément menteur, au moins dissimulateur. Mais un enfant qui adopte un enfant, est-ce possible ?

COMME UN ŒUF AU PLAT

Je range dans ma valise le *Cambodia Daily* daté d'hier, mercredi 4 juin. Je le ferai lire un jour à Thavery.

Un handicapé tué par des voyous, le neveu d'un ministre accusé d'avoir volontairement aveuglé à l'acide un jeune garçon, une étude cambodgienne établissant un lien entre la pornographie et les violences sexuelles, un Français accusé d'avoir subtilisé les archives cinématographiques des Khmers rouges, deux écoles coraniques fermées dans la province de Kandal… Qu'est-ce que c'est que ce journal qui omet la seule nouvelle digne d'importance ?

Ce matin, je vais voir ma fille, me dis-je en montant dans la voiture de Clint, mafillemafille, et cette sonorité de papier de soie, de cuillère s'enfonçant dans la semoule tiède, de caresse sur un crâne duveteux d'oisillon ne m'évoque rien de connu ou d'identifiable. Je m'abandonne au hasard, à la procédure qui s'enclenche, sans me sentir encore physiquement concernée par cette rencontre entre une mère et son enfant.

Si les mots sont vides, le temps les remplira de sens.

En arrivant à l'orphelinat, je peux enfin jouir de la lumière, de la douceur de l'air et de la gentillesse des gosses qui viennent à ma rencontre, se précipitent au-devant des visiteurs, battant des mains, ignorant la rancune ou l'amertume, enfants désarmants assoiffés de tendresse qui n'en veulent à personne même si personne ne veut d'eux.

La minuscule Thavery est vêtue comme une mini-miss Phnom Penh de bastringue dans une robe rose tyrien assortie à un chapeau brodé. Ses yeux ne s'adoucissent pas en me voyant ; elle fond en larmes à mon contact.

Le directeur de l'orphelinat commente : « difficile ».

« Quoi ?

— Thavery difficult.

— What ?!

— Elle difficile. »

Je sais qu'il ne maîtrise pas mieux l'anglais que le français, et j'imagine qu'il entend par là farouche, mais tout de même, si j'étais en train de lâcher la proie pour l'ombre, et Champa l'indifférente pour un bébé caractériel ?

Une fois installées dans la voiture climatisée, les pleurs de Thavery s'arrêtent. Ma fille se détend au point de s'endormir, étalée sur moi comme un œuf au plat. Est-il possible qu'elle se sente si vite en confiance ?

Nous fonçons à la clinique francophone de Phnom Penh pour lui faire passer les indispensables examens, sérologies diverses, radio des poumons, test de la tuberculose… D'un studio de photo installé en étage, spécialisé semble-t-il dans les photos de charme, nous rapportons douze photos d'identité destinées à son passeport cambodgien et aux pièces administratives.

Malgré ces tâches concrètes, l'ensemble du processus demeure irréel. Il y a une heure, je n'avais pas d'enfant et me voici maintenant devenue une mère de famille en visite de routine chez le médecin, jonglant avec les biberons et les couches.

Dédoublée, je me regarde vaquer avec étonnement. Combien de temps pour apprendre à devenir en une seconde la mère d'un bébé de treize mois ?

Soudain, Ma Fille.

L'excursion se termine à la polyclinique du docteur K., qui la jauge d'un coup d'œil, avant d'admettre qu'« elle a besoin d'amour... ».

Elle a surtout besoin de manger. Elle ne pèse que six kilos neuf à treize mois, son âge officiel, et mesure soixante-douze centimètres. Mon infime.

En voiture, Thavery ne pleure pas, ne bouge pas, ne sourit pas, ne manifeste rien.

Que s'est-il produit dans son court passé pour qu'elle soit si méfiante? On m'a parlé d'orphelins du même âge qui sont instantanément rigolards et babilleurs avec leurs nouveaux parents. Tandis qu'elle ressemble à un petit animal sur le qui-vive, retranchée derrière des antennes déployées tous azimuts.

Mon amour, tu ne veux donc pas de moi?

Deux heures plus tard, le docteur K. m'annonce avec des circonvolutions ennuyées qu'un secrétaire d'Etat cambodgien a été convoqué par le ministre des Affaires sociales «en pelsonne vous vous rendez compte, c'est très embêtant» et que ce fonctionnaire hautement stratégique pour les affaires d'adoption a été tancé à la suite d'un avertissement de l'ambassade de France qui a exigé des Cambodgiens qu'ils ne soient plus complices des adoptions françaises effectuées sans l'accord de la Mission de l'Adoption Internationale. Pour une fois, tout est clair, tout est noir.

L'avertissement français a été envoyé avant mon arrivée, mais le résultat est le même : un fonctionnaire risque la porte ou la prison, un ministre est vexé, et mon dossier pourrait se retrouver à la corbeille.

« Nous allons essayer de tlouver une issue » conclut K., et il raccroche.

Est-ce du bluff, ou une étape en vue d'une négociation ultérieure ?

Je le rappelle, et chiale sans retenue dans le combiné « Je suis ici, maintenant, j'ai rencontré ma fille grâce à vous alors aidez-moiaidez-moiaidezmoi ».

J'ai le sentiment d'avoir été proprement ferrée avec ce bébé. Abusée. Je deviens mauvaise, mais il me faut un bouc émissaire, et dans ce brouillard, je ne connais que mon bon docteur qui était prêt ce matin à me laisser emmener l'enfant contre une simple lettre de décharge… Je revois la femme du docteur se frotter les doigts au cours d'une conversation, soulignant ce geste de l'espéranto capitaliste d'un « Avec argent on peut tout faire ici ».

Je n'avais pas besoin de sous-titrage.

Ce soir je me couche le ventre noué parce que tout peut arriver d'ici les prochaines vingt-quatre heures, et que je n'ai aucun recours, humain ou légal.

J'étale sur le lit les polaroïds de Thavery et les étudie passionnément. Sa tête brachycéphale, un pain de sucre élargi au sommet comme chez tous les bébés qui passent leurs journées allongés. Ses grands pieds et leurs étonnantes plantes si roses. On dirait que ses pieds tirent la langue. Ses yeux fiévreux, cernés. Deux fonds d'encriers.

J'ai peur qu'elle meure cette nuit et qu'on me l'annonce par téléphone. Crise cardiaque, chat errant couché sur sa tête, doigt de Dieu trop pressant (et pressé), mort subite du nourrisson, vomi suffocant... Je me demande si je serais autorisée à ramener son petit corps en France. Le sommeil met fin à mon délire.

Ma fille ne sait même pas qu'elle est ma fille, ni qu'elle m'attend.

POULVU QUE ÇA MALCHE

Je téléphone ce matin à mon contact consulaire, dès l'ouverture des bureaux. Mon contact… On se croirait chez Graham Greene. Je suis galvanisée par ma première matinée avec Thavery, mais aussi par les difficultés qui s'accumulent.

Face à l'affable chargé des affaires consulaires, je réitère ma demande d'un accusé de réception. « Ecrivez que vous ne me délivrerez pas de certificat de conformité, lui dis-je, que l'ambassade n'entend pas favoriser les adoptions hors MAI. Rien de plus. »

Et là, ô miracle, on me dit qu'on veut bien me faire cette lettre, on accède de guerre lasse à ma demande absurde, on ne va pas me laisser en carafe avec une petite fille « puisque votre enfant est identifiée n'est-ce pas, nous n'allons pas passer pour les croque-mitaines, les sans-cœur, les implacables légalistes… ». On peut rédiger cette lettre puisqu'elle dégage l'ambassade de toute responsabilité et équivaut à une fin de non-recevoir. Le chargé d'affaires trouve même cocasse qu'un document officiel hostile à ma démarche soit providentiel pour un fonctionnaire cambodgien.

Ma lettre sera prête demain. Je fonce à Ta Khmao annoncer la nouvelle au docteur qui en est tout soulagé. Son magnifique visage sans âge s'éclaire, il serre affectueusement mes deux mains, rit de ce rire cambodgien mécanique, indéchiffrable, qui signifie tout, de la gêne à la gaieté en passant par le refus, et il me rappelle que « les élections législatives sont dans un mois et demi, il faut se dépêcher, la situation est tlès complexe, poulvu que ça malche ».

Je n'ai qu'une question pour lui, et elle ressemble à une prière : quand puis-je aller chercher mon enfant ?

UNE VIERGE PEUT ADOPTER

Vendredi 6 juin. Debout à l'aube, café avec Alain Bashung. « Entre tes doigts l'argile prend forme, l'homme de demain sera hors norme, un peu de glaise avant la fournaise qui me durcira, Malaxe... », suivi de dix longueurs, le souffle court.

Un moment d'inattention et je pourrais bien me noyer. Je n'ai que des moments d'inattention, puisque je ne pense qu'à ces retrouvailles qui me font très peur.

Rapides courses chez Pencil puis Lucky Market, les deux supermarchés les mieux approvisionnés de la ville. Mercedes sans plaques d'immatriculation, Land Rover et Camary stationnent devant. Et s'avançant lentement au milieu des bagnoles de luxe, des femmes à la peau très sombre tirant des gosses efflanqués, femmes défaites, abîmées, à la peau ravinée, qui osent à peine mendier. Elles ont ce je-ne-sais-quoi de fataliste et soumis des bêtes battues qui n'attendent plus rien mais viennent avec un souvenir de sourire, tendre la main. Elles se tiennent si loin que leurs mains restent vides. Je glisse dans une serre osseuse quelques riels et un dollar. Je détourne la tête. Je me demande si la charité n'est pas plus obscène que le grand dénuement.

Premières urgences de petits pots, grenouillères, poussette trop grande, on peut y asseoir un éléphanteau, tee-shirts, couches, pompe à narines, crèmes émollientes pour la peau de crocodile de Thavery, onguents, brosses à biberons, je traverse les allées en somnambule, j'ai forcément oublié quelque chose, mais quoi ?

Tout le long du trajet vers l'orphelinat, je suis malade, nausée, crampes à l'estomac, *kyom tchoo*.

Vouloir être mère à tout prix, n'est-ce pas une énorme erreur ? J'ai toujours été une fille en colère. Triste, séparée des autres par la paroi de verre érigée autour des enfances solitaires et tourmentées, agressive en grandissant et terriblement égocentrique. Au point d'être myope. Je suis sûre que ce handicap survenu l'année de mes onze ans résulte d'un petit gag psychosomatique.

Voir au-delà de mon nombril excédait mes possibilités. Il y a quelques années, j'ai surnommé un camarade « Nombril 1er ». C'est de moi que je parlais.

Je m'apprête à devenir mère par l'exercice de ma volonté, à l'issue d'une démarche forcenée impliquant deux gouvernements, des intermédiaires, des réseaux d'amitiés, des médecins, des diplomates, des enquêteurs sociaux, toute une armée humaine, mais pas mes entrailles. Je serai mère culturelle et légale, mais pas biologique. Avec deux paramètres sur trois, suis-je admissible ?

Clint manque de renverser une pétrolette transportant un couple et leurs trois gosses. Le moyen de locomotion le plus populaire est une source de mortalité redoutablement efficace. Tout le monde sans casque, sauf le conducteur.

Je réalise, en regardant la mère qui porte deux des gamins ficelés sur son dos et sur son ventre, qu'une vierge peut adopter et se faire appeler maman.

Je connais mieux la route de l'orphelinat que le parcours qui mène de ma chambre d'hôtel à la salle à manger.

Nous empruntons le boulevard Norodom en direction de Mao-Tsé-Toung, et poursuivons jusqu'à Ta Khmao. Nous traversons le carrefour des chiffonniers camouflés derrière leurs foulards, les *kramar* noués à la mode fedayin. A droite la boutique Krystlite et ses lustres en faux Murano scintillent en plein jour, pas autant toutefois que les dorures de l'étude de Benson Samay, le notaire vedette de Phnom Penh qui vit sur un pied saoudien à en juger par les statues, les caméras de surveillance et la taille monumentale de son officine. Contigu à tant de munificence, le « Salon Manila » vend du sexe à tout petits tarifs pour toutes petites secousses. En face, l'ambassade du Japon jouxte celle de Thaïlande. Cette dernière est en travaux car elle fut récemment attaquée par des hooligans cambodgiens à la suite d'une déclaration de pop-star thaïlandaise étourdie réclamant le retour d'Angkor dans le giron du royaume du Siam, l'éternel suzerain du Cambodge depuis le XVe siècle.

Nous longeons ensuite les usines de confection. Les ouvrières y sont mieux payées qu'un instituteur. Mais tout le monde est mieux payé qu'un instituteur au Cambodge. Même les enfants qui mendient sur les sites touristiques gagnent plus que l'instituteur qu'ils n'auront jamais la chance de chahuter. Il n'empêche que quarante dollars par mois pour neuf heures par jour de surpiquage ne représentent pas la panacée puisque des manifestations d'ouvrières du textile ont fait deux morts le week-end dernier.

Après les usines, place au tertiaire avec l'école de langues étrangères surmontée d'une banderole à l'humour enfantin « *The new way to learn English, the Banana way* ». Nous laissons le fief du docteur derrière nous, et bifurquons à la hauteur du marché en plein air sur la route n° 2 qui mène à la frontière vietnamienne. Tracée au cordeau par un ingénieur des Ponts et Chaussées maniaque, congestionnée par de gros travaux, elle longe des rizières étincelant d'un vert si tendre qu'elles semblent ensoleillées alors que le ciel est gris souris.

Les champs de fleurs de lotus se succèdent, un mirador surplombe un élevage de porcs entouré de barbelés, un char à bœufs lambine, les voitures se font plus rares, des grappes de visages fermés dépassent à l'arrière de camions qui mugissent dans des envols de gravats.

A Boeung Kyang, minuscule village de poupée peuplé d'enfants derviches, de poulets de course et de marchandes des quatre-saisons, une route en terre bondit sur la gauche, et s'arrête au panneau signalant l'orphelinat.

Des enfants balayent devant nos roues en rigolant. Nous sommes arrivés.

J'ai hâte et peur de donner à Thavery son premier biberon. Je n'ai jamais donné de biberon de ma vie, encore moins changé une couche ; ces tâches me semblaient jusqu'à présent dispenser des joies trop simples, et je ris de ma bêtise en m'entraînant à trouver la bonne inclinaison. Je suis autorisée à sortir Thavery ce matin pour lui faire faire une nouvelle série d'examens médicaux. En me voyant, la petite fille gémit mais s'arrête dès que mes bras l'enlacent. Sa chaleur me pénètre. Je me recueille au-dessus de son petit crâne chauve.

Dans ses yeux, ça clignote « ne pas moufter, ne pas déconner, ne pas risquer de revenir à la case départ ». Elle est concentrée comme quelqu'un qui pense ne pas avoir de deuxième chance.

Pourtant, c'est elle, ma chance. Plus tard, peut-être lui dirai-je «tu n'es pas la fille de ta mère» et cela marquera la réconciliation tant attendue avec mon passé, la fin d'un cycle, la parole d'amour qui rendra enfin à ma propre mère la place que plus personne ne pourra lui disputer.

HOU LÀ LÀ LE SPLEEN DE BAUDELAIRE

Bertrand Tavernier est en ville pour une semaine. J'ai dîné hier soir avec lui et son équipe au Rainbow, une guinguette géante surplombant le Tonlé Sap, de l'autre côté du pont japonais, sur la presqu'île de Chrouy Changvar. Les propriétaires du Rainbow sont des Chinois qui pourraient redéfinir le kitsch. Palmiers de Noël chargés de guirlandes lumineuses opacifiées par les vapeurs graisseuses des cuisines, serveuses en caracos pailletés, maquillées à la Françoise Hardy, eye-liner de girafes et fond de teint mastic, karaoké de rigueur sans oublier un bouddha phosphorescent superstar protégeant des tablées de vingt qui font tourner les *dim sum* autour de plateaux larges comme des patinoires à glace. Phnom Penh by night, bon enfant.

Tavernier met tout le monde à l'aise, il rayonne. Ogre volubile connaissant tout de la cuisine cambodgienne « goûtez le *plir sak ko*, la salade acidulée de bœuf cru, c'est la meilleure de la ville », il enchante la table avec ses anecdotes savantes ou grivoises. Un de ses yeux se tourne soudain vers moi, et il m'annonce avoir croisé Thavery lors de ses récents repérages. Il croit me faire plaisir en se souvenant d'une enfant très mélancolique, « hou là là le spleen de Baudelaire c'est elle di don ».

Mais non, cher Bertrand. Le spleen, c'est la délicieuse langueur qui engourdit les bien-nourris, les rassasiés. Le spleen, c'est les vacances avec supplément d'âme du repu. Un enfant en bas âge qui doit lutter pour sa survie tous les matins au-dessus d'une écuelle de bouillie de pain, qui regarde passer la cuillère commune et ne trouve pas la force de l'attraper souffre d'un autre mal que le spleen. Le spleen du bébé orphelin dans un pays sous-développé est soluble dans la malnutrition protéino-énergétique.

Thavery n'a pas de spleen, elle est juste enragée, mais dès qu'elle reçoit un peu de tendresse, elle redevient insouciante et amnésique, comme n'importe quel autre bébé.

NEVER

Le ciel froid de ce matin de novembre est d'une perfection qui donne envie d'aimer ou de s'envoler dans un jet. Une belle couche de Ripolin turquoise appliquée sur la mort.

Nous sommes fin 1999. J'ai trente-six ans.

Un homme est dans mon lit et il ne veut pas se lever. J'ai beau le cajoler, rien n'y fait.

Il est muet, il me toise froidement, il est déjà loin. C'est ma faute si nous en sommes arrivés là.

La cour de l'immeuble déserté pour les vacances scolaires de la Toussaint réverbère le cri solitaire d'un merle. Dans notre chambre, un Scrabble de voyage est ouvert sur la table basse au pied du lit. Mon (futur) Ancien Mari a fait une partie pendant une insomnie.

Mon chat repose sur un fauteuil, la tête à l'envers.

J'ai rencontré Mon (futur) Ancien Mari en portant l'animal chez le vétérinaire, il y a cinq ans. Lui-même venait déposer un chien abandonné trouvé sous sa voiture. Il a aujourd'hui quarante-trois ans et ne me sourit plus depuis six mois. Six mois aux côtés d'un homme qui fulmine, c'est long. Alors je me suis mise à manger. A bouffer. La joie de vivre s'écoulant hors de moi comme un pus clair, une compensation s'imposait. J'avais peur de tout et envie de rien, sauf de me bourrer. J'ai pris huit kilos, et suis dorénavant pareille à un nouveau-né : un rien m'entame et me fend jusqu'aux larmes. Où est la logique de tout cela ?

« Un être vous manque et tout est repeuplé » disait un imbécile l'autre jour au bistrot. J'aimerais qu'il ait raison.

Que faire lorsque l'être qui vous manque si douloureusement dort tous les soirs dans votre lit?

Huit kilos. Sur une fille de taille moyenne comme moi, ça représente une gaine graisseuse harmonieusement répartie sur tout le corps. Après chaque bouchée, j'implore «plus d'amour, moins de sucre». J'en suis loin.

Pour en revenir à cette matinée du 2 novembre, nous en sommes là, mon compagnon et moi. C'est-à-dire nulle part. Je n'arrive plus à déchirer la fine pellicule d'indifférence ou de tristesse qui enrobe cet homme. Un truc transparent adhère à sa peau comme l'Albal au gigot, l'emmaillote et l'isole des autres. Une papillote grise, avec un homme dedans. Peut-être me regarde-t-il tristement parce que lui aussi se dit «Tiens, une papillote de graisse avec ma femme dedans». On ne peut rien négliger. Quoi qu'il en soit, je n'en peux plus de chausser des patins dans ma tête avant d'ouvrir la bouche, ni de me gaver.

Il y a six mois, j'étais une belle pépée mince et pleine d'amour; je menais une vie d'algue agitée, enroulée à lui du soir au matin. Sauf les soirs où je jouais les chattes en maraude au nom de caprices érotiques qui furent de courte durée.

Mon (futur) Ancien Mari est le sosie d'Elliott Gould dans *Le Privé* d'Altman, mon film préféré. Au point d'aller fumer un joint sous les fenêtres du High Tower Building 2178 High Tower drive, à Los Angeles, en mémoire de Marlowe, de son chat nourri au « Curry Brand » et de ses souris gentiment défoncées.

It's OK With Me, chantonné par Gould, clope au bec, c'est à mon sens ce qui se rapproche le plus du charme absolu. Vous avez déjà eu envie de partir en cavale avec un type croisé sur un écran ?

Moi oui.

M'éloigner à ses côtés dans l'allée poussiéreuse de Tijuana, rentrer à la maison, *let's go home darling*, et lui sourire dans le crépuscule couleur de barbe à papa.

Ce Marlowe, qu'est-il devenu après son dernier entrechat ironique sous les arbres ? « Où marche Marlowe ? » gloussait Mon (futur) Ancien Mari en se moquant de moi. J'ai vu *Le Privé* pour la première fois à vingt-deux ans, et j'ai même voulu devenir privé. Mon entourage a ri.
« Privé n'a pas de féminin. »
Qu'ils rient.

Au cours de ma vie amoureuse, il m'est arrivé de m'accrocher à un homme que je n'aimais pas avec la force d'une tique, aspirant son énergie et profitant de sa mobilité avant de me laisser dégringoler à terre, en quête d'un meilleur hôte. Je suis donc en mesure de diagnostiquer une attitude similaire chez l'homme qui partage ma vie. C'est pourquoi j'ai fait appel hier à ce qui me reste de courage, peu dans le cas d'une grosse fille de trente-sept ans dure et triste, je me suis habillée à toute allure, et j'ai claqué la porte de la chambre. Un peu de fierté.

Rien n'a été fait ou dit pour me retenir.

Au moment de quitter l'appartement, j'ai eu la certitude que Mon (futur) Ancien Mari était sur le point de me plaquer; il avait retenu sa respiration toute la matinée, estimant sans doute que le moindre mot de sa part romprait le charme qui me poussait vers la porte aussi sûrement que si je m'étais tenue sur un tapis roulant.

J'ai attrapé mon sac, et deux minutes plus tard, je me suis jetée dans une bouche de métro.

L'un était très petit et noir, l'autre très maigre et très blanc, au point que sa peau avait une qualité translucide inquiétante sous les néons de la station de métro Richelieu-Drouot.

L'un et l'autre se balançaient sur leurs jambes en rigolant comme deux types un peu bourrés dans un pub anglais à la sortie du bureau. Il n'y avait pourtant pas de quoi rire : ils se livraient à un contrôle d'identité. Au moment où j'entrais dans la station, les deux policiers asticotaient trois personnes, dont une belle adolescente aux traits aplatis et à la face lunaire couleur de miel de sapin, rappelant les visages des Indiens du Pérou ou d'Amazonie.

La fille se tenait voûtée devant les deux policiers, qui se donnaient des coups de coude en examinant un morceau de papier.

Ce ne sont pas les mots prononcés par le Blanc mais son intonation qui m'a fait bondir. « Tu serais pas venue faire ta pute en France, mmmm ? » a-t-il demandé à la fille en se courbant sur elle, en la collant contre le mur, se félicitant peut-être de la pipe sordide qu'il lui extorquerait contre la promesse de ne pas contribuer à la faire expulser. Il faudrait que j'arrive à reproduire ce « mmmm » visqueux, un « mmmm » de petit mâle convaincu de sa supériorité sur tous les égarés de l'humanité endolorie.

Ce « mmmm » m'a donné des envies de meurtre, il fallait que je m'en prenne à quelqu'un après la matinée que je venais de passer ; je n'étais pas très nette au niveau de mes motivations. J'ai donc apostrophé le flic de façon ordurière, me suis retrouvée avec le bras un peu broyé, ordre de me taire et de produire mes papiers. La fille ne bronchait pas, je lisais dans ses yeux qu'elle était dressée à attendre, à se préparer au pire, et qu'il ne fallait pas chercher à comprendre.

Le Noir a ouvert ma carte d'identité d'un geste théâtral, et regardé mon nom. Il était désolé pour moi.

« C'est quoi ce nom ? » Je me posais moi-même la question depuis toujours. J'ai répondu piteusement « c'est de Nevers dans la Nièvre » en pensant « mièvre », et j'ai demandé si je pouvais y aller.

Oui la grosse à l'air triste pouvait y aller, ai-je lu dans ses yeux chassieux.

Je suis remontée à l'air libre, me suis laissé porter par une foule de force 8. J'étais cernée par les filles du samedi, les drôlesses de vingt ans qui rient de toutes leurs dents. Vaguement anorexiques et belles avec leurs jeans taille basse et leur ambition à marée haute.

Comment font-elles pour croire qu'elles avancent vers l'avenir telles des colonnes scintillantes, et le faire croire aux passants sidérés ? « Nous marchons dans le temps et nos corps éclatants ont des éclats ineffables qui marquent dans les fables... »

Ces filles me fascinent. Elles sont les modernes Sisyphe de la rondelle de coton. Se maquiller et se démaquiller, tous les jours jusqu'à la mort, acheter des flacons, les vider et les remplacer, enduire, raser les aisselles, épiler les jambes qui viendront se mettre en collier autour d'un cou de taureau, traquer ce qui repousse, se graisse, se noircit, refaire patiemment la chaîne des gestes à même de garantir une issue féconde à la question de la reproduction.

Je me suis tout à coup sentie vieille et rouillée. J'ai pensé à mon père, vieux et rouillé, à son père, vieux et rouillé, et mort, puis à la lignée des hommes vieux et rouillés avant lui qui furent pleins de sève, d'amour et de candeur inaugurale.

Ce qui reste aujourd'hui de la lignée vieille et rouillée grince comme un mobile enfantin abandonné sous la pluie, mais au commencement de ces morts, il y avait Nevers, la ville natale de mon arrière-grand-père.

Nevers que j'orthographiais volontiers « *never* », comme dans le Never Never Land de Peter Pan.

Je suis entrée dans un fast-food pour compenser, et exploser mon capital calorique.

Dix-huit bâtonnets de poulet pané sauce curry plus tard, je suis retournée vers la station de métro, direction Gare de Lyon, où, en échange de trois cent cinquante francs, un train allait m'emporter vers une ville que je ne connaissais pas, n'avais pas envie de connaître mais qui subitement m'attirait plus que tout.

Peu m'importait d'être délaissée par Mon (presque) Ancien Mari et livrée à moi-même puisqu'il me restait Nevers.

(Un lacanien anglophone aurait fait remarquer à ce stade de mon équipée qu'une femme perdue qui se raccroche à « Jamais » est une femme égarée, mais mon compartiment resta vide pendant tout le trajet.)

Si un homme bagué s'apprête à me quitter, c'est parce que je l'ai trompé il y a neuf mois, avec un tout petit bonhomme sur lequel je préfère ne pas m'étendre, et qu'il n'arrive pas à oublier.

« Tu m'as fait un enfant dans le dos » sont ses derniers mots sur l'affaire, et ils datent d'avant-hier. Il ne peut pas mieux dire.

JE COULE

Je récupère enfin l'étrange lettre exigée par les Cambodgiens, et je pars la livrer au docteur K. Nous inclinons nos têtes sur le texte comme deux inséparables.

« Comme vous le savez les conditions dans lesquelles se déroulent les adoptions au Cambodge n'offrent plus toutes les garanties nécessaires, notamment quant à l'adoptabilité des enfants (...) Dans ces conditions cette ambassade n'est pas en mesure de donner une suite favorable à votre demande. Le service consulaire n'est d'ailleurs à aucun moment intervenu dans les précédents que vous invoquez à l'appui de votre démarche. »

K. me fait remarquer que le courrier est daté de 2002. Si les fonctionnaires se mettent à faire des lapsus administratifs, c'est que les résistances à l'adoption sont sévères. Sprint en motodop vers l'ambassade, où je force la main d'une secrétaire flaccide qui fait taper et signer la lettre.

Au bout de dix jours d'agitation, je n'arrive plus à finir mes phrases, ni à raisonner. Ce qui ne gêne personne puisque mes interlocuteurs me demandent d'aller chercher ceci, de rapporter cela, de transmettre telle réponse, de me rendre à tel rendez-vous. L'adoption m'a transformée en coursier dégoulinant : il fait entre trente-huit et quarante degrés à Phnom Penh l'après-midi.

Dans les bureaux, les Blancs suent tandis que les Jaunes semblent sortis d'un emballage à sorbets.

Il y a quelque chose de subtilement déséquilibré dans mes relations avec les Cambodgiens, du fait de cette chaleur. Impossible d'en imposer, inutile d'essayer de mener le jeu lorsque l'on sue. La conclusion désastreuse de l'histoire coloniale française et américaine en Indochine tient peut-être aux quelques centaines de glandes sudoripares qui nous différencient.

En tout cas je ne suis pas belle à regarder. Je coule comme un vieux camembert, je maigris, et le taux d'hygrométrie transformant la ville en hammam, ma coupe de cheveux bouffante rappelle celle de Bobby Ewing dans le feuilleton *Dallas*.

LE CRÂNE ENCORE TROP MOU

Depuis quand ma fille est-elle ma fille ? La tautologie me hante. Depuis le premier regard, la première étreinte à l'orphelinat ?

Ne le sera-t-elle que lorsqu'on me remettra le certificat d'adoption cambodgien ou lorsqu'un jugement français aura substitué une filiation française à la filiation d'origine, déclarant l'adoption plénière irrévocable ? Ma fille naît-elle dans mon cœur ou dans leurs textes ?

Comme dans une rencontre amoureuse, je spécule sur son passé en essayant de ne pas me laisser envahir par la jalousie. Le regard qui se posa sur elle à sa naissance, était-il aimant, dégoûté, ou simplement las ? Fut-elle abandonnée par une mère qui la regrette encore et se rend malade en tentant d'imaginer la mère adoptive de sa fille ? Posée comme un paquet de linge sale dans un coin mal éclairé ? Des voisins l'ont-ils trouvée à moitié cyanosée, à force d'avoir pleuré ? Etait-elle nue dans un berceau, un panier, une serviette, un *kramar*, un cageot, un chapeau de paille, sur un perron, un coin de trottoir, dans un champ ou une pagode, comme ce bébé aveugle de deux mois dont les journaux relatent aujourd'hui le sauvetage ?

Se souvient-elle du jour de l'abandon, se rappelle-t-elle être tombée dans le froid, le vide, le néant ? Un mois, elle avait un mois, c'est si peu, surtout au Cambodge. Le crâne encore mou, les yeux encollés, deux kilos et demi, guère plus. La taille d'un chat. Ou d'un gros rat.

Ses papiers ne racontent rien, ne remontent à aucune source biographique ou géographique. Il faut la prendre comme elle vient, sans histoire autre que celle, immensément triste, et commune à tant de gosses, de l'abandon. Thavery ne possède rien à elle, même pas une origine définie ou une situation qui lui serait propre. Comprendrai-je jamais mon enfant qui fut arrachée si petite à l'ordre des vivants et inscrite dans celui des survivants ?

Thavery et moi conserverons de grands mystères l'une pour l'autre. Elle est orpheline, mais moi je le suis aussi, de son passé.

Quatorze mois ne me regardent pas.

L'ADOPTION REND FOU

Rendez-vous au Phnom Kiev avec le docteur K. Le Phnom Kiev est un modeste bistrot grand comme une boîte à chaussures où languissent deux serveuses teintes en rousses qui raclent le sol avec leurs vieilles savates. Le docteur veut discuter. Comme si nous n'avions pas assez discuté comme ça. Après m'avoir accueillie d'une voix lugubre qui me fait craindre le pire, il part déposer la lettre de l'ambassade dans un ministère non loin de là, et revient se prendre la tête entre les mains en grignotant des cacahuètes. Les filles apportent du pastis. On boit en silence.

Un rendez-vous suffit à occuper ma journée. La lassitude est de plus en plus grande, aggravée par la chaleur, et je me demande du matin au soir sur un mode binaire « l'aura, l'aura pas ? ».

Drôle d'animal qu'un adoptant en lutte. La fatigue et le découragement me donnent envie de rentrer à la maison, de tout abandonner.

Pourtant, cette aventure devient un défi lancé à moi-même autant qu'un pari avec le reste du monde. Je frôle la crise d'orgueil, la mégalomanie. Je deviens une caricature, adoptante forcenée qui ressasse « je rentrerai avec l'enfant, rien ne me résistera ». J'ai entendu parler de pères ou de mères qui en arrivent aux mains, qui s'enchaînent à des grilles de ministères, d'ambassades, qui menacent, implorent, rusent. L'adoption rend fou.

On en oublierait presque l'amour. Pourtant il est présent, mais il se diffracte en facettes méconnaissables au fur et à mesure que l'entreprise se complique, des facettes nommées obstination, souci de l'hygiène, sens de la négociation...

Ici, dans ce combat entre ce qu'il est

réaliste de souhaiter et ce que dicte le désir forcené d'enfant, l'amour est un roquet infernal, l'amour maternel mord aux mollets. Il n'est pas lyrique. Ni beau à voir. Il a le cheveu fou, les yeux injectés de sang ; toujours en train de cavaler, il sent la transpiration, et l'odeur de la peur. Mais l'amour est là.

UNE MAUVAISE BLAGUE

J'ai donné le chat. J'ai donné le Scrabble. J'ai tout donné pour oublier. J'ai rendu ma clé. J'ai cherché de l'air pendant six mois, réussi à respirer au bout d'un an.

Je revois Mon Ancien Mari en mars 2001. Il ne m'aime plus, et peut donc recommencer à me fréquenter avec plaisir. Il m'appelle son vieil amour. Me dit qu'il n'a plus envie de m'arracher la tête, qu'il retrouve du plaisir à parler avec moi. J'ai l'impression d'entendre un convalescent. C'est exactement ça, me dit-il. La guérison est achevée, ajoute-t-il avec une grimace. N'être plus qu'un bobo bénin, quel malheur.

Il trouve que j'ai maigri. Faux. Je ressemble toujours à une pomme de terre soufflée. La remarque signe le désamour. Il m'envisage de façon mondaine, avec une délicatesse amicale, et cherche à me faire plaisir, peut-être même à me consoler. Si Mon Ancien Mari m'aimait encore, il me dirait «Rubens?» avant de m'enlacer et de me mettre une main au cul.

Il ne me désire plus.

C'est ma fête.

D'un autre côté, je dois m'en réjouir. J'aime et j'ai besoin de voir Mon Ancien Mari, je devrais me réjouir de son désamour : cela me permet de le revoir. On dirait une mauvaise blague.

UN MICROBÉBÉ

Deuxième rendez-vous à la clinique Naga, avec le docteur Garen, Pyrénéen robuste et ancien joueur de rugby agréé par l'ambassade de France pour l'établissement des bilans médicaux de pré-adoption.

HIV, syphilis, hépatite, tuberculose : tout est négatif. A Paris, j'avais rencontré une jeune femme qui a adopté en connaissance de cause un enfant porteur du virus HIV. Aurais-je eu ce courage ? La réponse est non.

Thavery est selon les termes du praticien un microbébé pesant six kilos huit et mesurant soixante-dix centimètres à quatorze mois. Circonférence crânienne, quarante-deux centimètres, tour du thorax, quarante-trois centimètres. Elle est carencée, en anglais on appelle ça « *wasting* ». Elle souffre d'anémie ferriprive, pas assez de fer, d'un sous-développement musculaire car elle n'a pas reçu assez de stimulations, on dirait un poulet de batterie oublié loin du radiateur.

La protubérance sur son nombril est une petite hernie en voie de résorption, sa peau est sèche, boutonneuse, grattée jusqu'au sang, pas assez d'hygiène, trop d'anxiété. Elle a quatre dents, devrait en avoir six à ce stade du développement stomatologique. Sa tête est plate, elle n'a pas un poil sur le caillou.

Aaaaarghhh.

Tant pis, elle est vivante et s'est battue pour le rester. Chaque jour apportera à Thavery la joie électrisante de sentir son corps en bon état de marche. Nous allons récupérer, forcir, corriger les erreurs d'alimentation.

Je m'exprime comme les entraîneurs de sportifs, qui collectivisent les efforts physiques et les bilans de santé. Les maux de

Thavery sont les miens, ses efforts mobilisent mon énergie, puisent dans mes réserves, et je les lui dédie avec joie. Il y a de ça.

Ce médiocre bilan médical est le même pour les nourrissons du monde entier qui remplissent les orphelinats ; au-delà de Thavery qui gesticule dans les bras du docteur, j'imagine des milliers de visages émaciés dodelinant sur des ventres lourds, gonflés d'air. Qu'est-ce qui les fait se cramponner à la vie, les pauvres petits ? Un instinct archaïque qui ne fait pas de discrimination ? Ou la conscience qu'ayant été déposés hâtivement dans un orphelinat, deux autres bras peuvent à tout moment venir s'emparer d'eux, et ajouter le hasard à l'arbitraire, créant le miracle de la rencontre ?

SIGNÉ S.M.

J'attends depuis hier matin huit heures le coup de téléphone qui m'annoncera que l'adoption est autorisée par le Cambodge. Une nuée d'angelots et de chérubins soufflant dans des trompettes mordorées me souriront alors glorieusement.

Le téléphone sonne à quatorze heures. Le docteur est peu disert, à son habitude.

« Bon... c'est bon... venez manger un steak à La Croisette.

— Répétez ?
— C'est bon, ah ah ah ! »

C'est tout.

Ni trolls, ni anges, ni envols de créatures célestes ne saluent l'avancée déterminante de mon dossier. Il n'y aura pas de célébration pour marquer le passage entre la vie d'avant et celle d'après, où nos destins se sont unis. Ici on dédramatise tout, puisque la vie est un drame permanent.

Alors, va pour un steak.
Une demi-heure plus tard, je retrouve le docteur sur les quais, au restaurant La Croisette. Il m'adresse un sourire de loup et détaille la mirifique nouvelle entre deux bouchées de flageolets. Un courrier officiel de confirmation m'est tendu par-dessus les assiettes.

Le ministre d'Etat chargé de la présidence du Conseil des ministres a informé par courrier le ministre des Affaires sociales que le gouvernement royal m'autorisait à retirer mademoiselle Thavery de son orphelinat de Boeung Kyang afin de l'adopter et de l'emmener en France.
Signé S.M.
Comme dans les dessins animés de notre enfance, je vois trente-six chandelles et m'évanouis. On m'apporte de l'eau sucrée, me gifle gentiment, on pince mes

joues, et je me jette sur de la viande pour la première fois depuis dix jours, du faux-filet australien importé par le patron, encore un Français, encore un malabar qui aurait plu à Auguste Le Breton, mine dissuasive, mais terriblement sympathique.

Quand aurai-je ma Thavery chérie ?
Lundi prochain. Et nous sommes mercredi. Je décide de partir pour Angkor, vivre les dernières heures de ma vie sans enfant. Ma fille, que rien ne t'arrive. Sache que je vais passer quatre jours avec la hantise d'une reprise foudroyante du SRAS, ou d'un coup d'Etat.

POMPÉI VÉGÉTALE

Vol pour Siem Reap dans un petit coucou à hélices, un ATR 72. L'avion part avec une demi-heure d'avance sur l'horaire, je n'ai jamais vu ça. Nous sommes un vendredi 13 et j'ai la phobie de l'avion. En appuyant alternativement sur la fesse gauche puis sur la fesse droite dans mon fauteuil pendant cinquante-cinq minutes, j'équilibre l'aéroplane qui sans cela se retrouverait ventre en l'air, puis en chute libre. Les passagers allemands du vol de la Royal Air Cambodge ne savent pas qu'ils me doivent la vie.

Devant l'aéroport, des moines safran s'abritent du soleil sous des parapluies mandarine. Je saute dans un taxi en direction du site d'Angkor.

Plutôt la jungle moite qu'une chambre d'hôtel trop climatisée.

Angkor, Pompéi végétale.
Temples livrés aux singes, aux ruminants, aux oiseaux et aux pillards.

Sourires narquois des dieux taillés dans le roc, se renvoyant d'une tour à l'autre du Bayon leur écho chargé d'arrière-pensées impénétrables.

Bodhisattvas décapités. « Pol Pot » articule un vieillard borgne lorsqu'il m'entend fulminer devant les déprédations. Et ça continue avec les Apsaras, ces jolies nymphes qui dansent et s'accouplent au ciel, dont les têtes et les torses ont été arrachés. Les linteaux des grands temples d'Angkor sont devenus des boucheries de pierre.

Guerre en ombrelle menée par l'armée des singes de Hanuman sur les bas-reliefs qui courent tout autour de l'enceinte d'Angkor Vat.

Monstrueuses racines des figuiers étrangleurs et des fromagers qui semblent avoir dégouliné en un épais sirop sur les temples, avant de se solidifier pour l'éternité.

Angkor, abandonné en 1431, et moi, déboussolée aujourd'hui. Nos deux désolations à l'unisson.

Les Cambodgiens racontent l'horreur en zozotant. Ils transforment le « g » français en « z ». Ce susseyement est amusant mais lorsqu'ils parlent des « Khmers rouzes », leur défaut de prononciation vous pétrifie.

J'ai été au-delà des formules de politesse avec une vingtaine de Cambodgiens depuis mon arrivée. Guides, chauffeurs, enseignants, vendeurs de cartes postales, serveuses. Pas un qui n'ait eu au moins un membre de sa famille tué par les Khmers rouges. Mathématiques inquiétantes. A l'époque le Cambodge comptait un peu plus de sept millions d'habitants. La fabrication de « l'homme nouveau » a fait deux millions de morts. Si tout un peuple a souffert des Khmers rouges, où sont passés les milliers de bourreaux en pyjamas noirs qui supplicièrent au nom de l'Organisation enseignants, fonctionnaires, étudiants, journalistes, moines, possédants, ingénieurs, architectes, artistes décadents, partisans de Lon Nol, opposants de Pol Pot, capitalistes, aquoibonistes et bien sûr, systématiquement, aveuglément, les porteurs de lunettes ? A part le fameux Douch qui régna sur le centre de torture S-21, y en a-t-il d'autres pour avouer leurs crimes ? Ou bien comme Ieng Sary, le protecteur officiel de la ville de Pailin, ou Khieu Samphan, l'ami et l'obligé de Jacques Vergès, se sont-ils tous fondus dans la population dès 1980 comme du sang s'infiltrant dans la craie ?

Le peuple-craie qui crisse sur le tableau noir des comptes de la souffrance...

Une femme d'environ soixante ans me sourit. Elle engage spontanément la conversation en français, au-dessus d'une tasse de thé dans la salle à manger-mouroir du Grand Hôtel de Siem Reap. Parce que, justement, je lis les mémoires de Dith Pran qui sont à l'origine du film *La Déchirure*?

Les mots coulent de sa bouche comme les gouttes le long de sa tasse.

« J'ai passé trois ans, huit mois, vingt jours dans les rizières. Mon mari a été énucléé avec les doigts, et assassiné au gourdin sous mes yeux, mon bébé balancé la tête la première contre un arbre de notre jardin jusqu'à ce que mort s'ensuive. Ça n'a pas été long. J'ai été épargnée parce que je parlais russe. Tous les soirs, durant ces trois années passées à travailler la terre, j'avais des bracelets de sangsues autour des mollets en rentrant de la rizière. »

Cette femme ne se trompe pas sur les « g » et les « z ». Et quand elle dit sangsues, le sang gicle dans sa bouche.

ARTHROSE AU JARDIN D'ENFANTS

A distance, les interrogations continuent à me tarauder : ai-je raison de m'obstiner, saurai-je accomplir ce que j'ai juré de faire dans ma lettre de motivation au ministre de l'Action sociale, « élever, chérir et guider dans une belle spiritualité un orphelin cambodgien » ?

Promesses généreuses et un peu ridicules, semblables à celles de tous les adoptants qui font les otaries savantes et jonglent en s'applaudissant eux-mêmes, le cœur posé en équilibre sur leur nez...

Que deviendrait Thavery sans moi ? Une petite fille délurée, en haillons, caquetant *« com'on com'on buy my postcards one dollar yes you buy my postcards what your name »* devant les pagodes et les musées de Phnom Penh ? Une écolière travaillant après la classe pour se payer une paillasse dans un gourbi ? Une repiqueuse de riz à la campagne, une prostituée anesthésiée au crack, une sniffeuse de colle ? Ou une brillante élève à Rome, New York, Bruxelles, petite sœur de Susan, Carla ou Baudoin, qui la pincent et la battent parce qu'elle accapare l'amour de leurs parents, et qu'elle va voir ce qu'elle va voir la sale petite niacouée ?

Les Cambodgiens aisés adoptent-ils au Cambodge ? Adoptent-ils seulement ?

Je n'ai pas posé la question car quelque chose me dit que je connais la réponse. L'adoption ici, c'est l'affaire des Blancs, la nouvelle écologie, une vertu active purgée de la dimension politique de naguère.

Je me remémore ce que martelait un psychologue de la DASS lors de la toute première réunion d'information, en juin 2002 : l'adoption, ce n'est pas trouver un orphelin pour combler un désir d'enfant, c'est trouver une famille à un enfant.

Comme tout se brouille sur le terrain, et tout se rejoint dans le même épanchement d'amour.

Bercée par le rythme du ventilateur de plafond, je finis par m'endormir en priant pour que demain n'arrive pas. Pour la dernière nuit de ma vie, je suis la fille de ma mère. A l'aise pour la remettre en question, la critiquer, l'envisager avec la cruauté de ceux qui s'imaginent n'avoir que des droits et pas de devoirs, à l'aise dans mon rôle d'enfant protestataire, de cul-de-sac à la peau encore souple, d'irresponsable. Demain, je serai la mère de ma fille. Une mère dévorante, un poison d'amour ? En tout cas, une mère qui aura cinquante ans lorsque sa fille en aura onze. Arthrose au jardin d'enfants...

Demain tout commence mais tout finit aussi.

Ma fille, ce soir, je ne suis même plus sûre de te vouloir. J'ai si peur.

QUE FAIT CE BÉBÉ DANS CETTE VOITURE

Lundi 16 juin. Il n'est pas huit heures mais il est trop tard pour reculer. Le directeur de l'orphelinat a passé une chemise et un short repassés de frais. Les petits déboulent à ma rencontre.

J'ai apporté du lait, des biscuits, du Nutella, des petits pots, et des couches jetables pour les orphelins. Je me cache derrière tous ces cadeaux. Je respire difficilement, je souris bêtement, le ciel et la terre tournent, j'avance vers ma nouvelle vie. Les nounous m'attendent sous l'auvent, pieds nus sur le carrelage.

L'enfant m'est tendue sans façons, nue comme un ver.

A la va-vite, entre deux portes, mais il n'y a pas de portes.

Fraîchement talquée, on dirait un acteur du théâtre nô japonais. Elle me semble encore plus légère que la semaine précédente. Mon enfant m'arrive nue et je suis chavirée car j'y vois un don, une réminiscence biblique qui me ferait presque chercher l'âne et le bœuf. Instinctivement, les nourrices ont su m'offrir du symbolique avec cette bouleversante répétition de la naissance de Thavery.

La moitié de l'orphelinat assiste au départ de la petite fille. Pan Savan, sa nourrice, a les larmes aux yeux. Je voudrais la consoler mais nous n'avons pas de mots en commun et je ne peux que lui serrer les mains. L'assistance jacasse, tripote mes sandales ou le bas de mon short, me tire la langue affectueusement, quelques enfants, uniquement des garçons, disent au revoir au bébé.

AU REVOIR ?!

Ils pensent à leur départ, je le vois bien dans leurs yeux voyageurs perdus au-delà du jardin, au-delà du muret. Chaque départ doit confronter les petits résidents à leur solitude, à un terrible sentiment d'injustice. « Pourquoi pas moi ? Qu'est-ce que j'ai de moins qu'elle ? » J'imagine ces questions derrière les grands fronts lisses, et je me reporte aux yeux de Thavery. Ils regardent droit devant eux. « Sors-moi d'ici tout de suite... »

Pour sanctifier ce moment, j'aurais souhaité quelque chose, un mot, un geste du directeur, une petite cérémonie en présence des nourrices, mais leurs attitudes sont empreintes de la dureté nécessaire à ceux qui côtoient la misère sociale et affective. Tous souhaitent rapidement passer à autre chose. Une Blanche emmène un bébé cambodgien de l'autre côté de la terre, au pays de l'abondance, du bon beurre de Normandie et de l'école obligatoire pour tous. On ne va pas pleurer pour Thavery.

Le directeur me demande de signer une lettre de décharge de responsabilité. Si les autorités cambodgiennes ne me délivraient pas le certificat d'adoption, je serais tenue, sous peine des plus opiniâtres poursuites et des plus suaves supplices, de ramener mon ex-future fille à l'orphelinat.

Je signe avec un sourire plein de mansuétude, mais je croise intérieurement les doigts à la manière des parjures.

Trop tard les amis.

Ramener ma fille ? Autant faire remonter un fleuve à sa source. Et pourtant, les nouvelles sont inquiétantes : le gouvernement néerlandais vient d'annoncer qu'il suspend jusqu'à nouvel ordre l'adoption d'enfants cambodgiens par ses ressortissants.

Thavery est absente, elle ne sourit à personne et son œil est hagard. Elle lève mécaniquement ses bras maigres pour enfiler la petite robe jaune pipi achetée en ville. Je suis arrivée de France sans vêtements ni jouets, par superstition, et je le regrette tous les jours.

Sitôt installée dans la voiture, elle s'endort.

Au cours de ce trajet de retour, l'expression « avoir un passage à vide » prend tout son sens. Je regarde le paysage défiler derrière la vitre et soudain, le poids des responsabilités, le dégoût, la fatigue des jours passés, la tristesse de cette petite orpheline me donnent envie de pleurer.

Je me dis « Tu dois très religieusement t'imprégner des cris, de la lumière, des parfums melliflus du jardin, de l'odeur lactée de Thavery, tu dois encapsuler le regard d'évadée qu'elle vient de jeter sur toi, toutes les sensations uniques de cette matinée, entre nausée et éblouissement, parce que ce jour est un événement, ce jour est un miracle, ce jour est le jour le plus important de ta vie », mais je ne ressens rien. Je regarde Thavery lovée sur la banquette, et je ne vois plus qu'une étrangère. Un avorton lointain qui ne me dit rien, et n'a rien à voir avec mon histoire.

Que fait ce bébé dans cette voiture ?

La panique me gagne.
Le baby-blues m'envahit.
Il durera trois jours.

UNE FAMILLE DE NOTAIRES

Qu'est-ce que je fais là ? Nous sommes le 3 novembre 1999, il est dix-sept heures, la gare de Nevers est dans mon dos et je me tiens devant une grosse tour placide ornée de mâchicoulis, la Porte du Croux. Je pense que mes ancêtres et moi aurons eu cette vision en commun à travers le temps, mais que fais-je ici, après une heure cinquante de train Corail, que fais-je sinon flotter sans chagrin ni curiosité vers l'origine.

Je remonte. Je remonte la chaîne du Nom, elle est comme un chapelet, égrené à rebours, dont chaque boule représenterait un visage, je remonte dans le temps en ces lieux séminaux que je ne connaissais pas, jusqu'à la rue Saint-Senest, et la maison natale. Une famille de notaires de pères en fils. Notaires, nos terres. Mes ancêtres, des pères et des fils conservateurs par obligation professionnelle, militants de la lignée. Des pères et des fils qui ont toujours scrupuleusement veillé à ce que s'accomplisse la transmission des biens et des valeurs entre les pères et les fils séparés par la mort, mais unis par le même sang.

Jusqu'à ce qu'un illuminé dédaigne la charge venant avec le nom, Quin, refuse de ne faire qu'un en famille, et préfère s'enfoncer à la fin du siècle dernier dans la forêt profonde de l'Orénoque pour s'y accoupler avec une Indienne subjuguée par son regard d'éléphant centenaire et sa peau si blanche qu'elle lui semblait verte.

Sur cette branche sécessionniste ont poussé quelques bourgeons malchanceux, dont il me faudra raconter plus tard l'histoire, puisque je l'ai reconstituée. Je ne peux ni fermer la porte à l'hérédité, ni même la claquer au nez des générations précédentes sans passer aux rayons X ma généalogie familiale, découvrant dans cet « arbre-à-quin » les nids clandestins plus ou moins indésirables, dont j'ai toujours pressenti l'existence comme un amputé sentirait l'appel lancinant d'un membre manquant depuis son plus jeune âge.

Je ne suis jamais allée au Brésil mais je suis venue à Nevers, un jour de pluie et de rupture, pour y avoir une confirmation : je ne ferai jamais d'enfant.

J'adopterai.

NEUF OBJETS

Mardi 17 juin. Je n'ai plus de corps. La quête consume tout. Je fuis les miroirs, je ne caresse personne, pas même moi ; je veux juste dormir pour reprendre des forces.

Tandis que le corps d'une femme enceinte s'expose triomphalement et craque aux coutures lorsqu'elle approche de la délivrance, le mien rase les murs. Je me nourris de fruits, de riz et de sorbet à la noix de coco, le meilleur du monde, je perds deux cents grammes par jour, je disparais. Je le fais un peu exprès car j'aime ça, c'est un sacrifice qui flatte mon orgueil.

Par cette chaleur, la propreté est un impératif prophylactique, mais l'apparence ne compte plus. Je fais laver mes vêtements le soir et les porte à nouveau le lendemain, avec la satisfaction de gommer la dimension de la séduction, de me limiter comme une moniale à un uniforme qui dit «Non», qui dit «Je suis ailleurs».

Mère supérieure.

Je suis maintenant coiffée comme Marge Simpson qui se serait coincé les doigts dans une prise électrique. Les pieds chaussés dans d'inélégantes sandales de pénitent, le visage nu, creusé, je tends vers le dépouillement vestimentaire, l'épurement corporel. Je pourrais passer pour un moine adepte de la sangha bouddhique, cette voie du renoncement au monde. Je n'aurais alors plus que neuf objets : trois robes, un rasoir, une aiguille à coudre, un récipient à eau, un éventail, une ceinture, et une sébile.

AU FOND D'UN VERRE

En juin 2001, je quitte précipitamment un homme rencontré un mois plus tôt au fond d'un verre de champagne. Je bois beaucoup depuis trois mois pour oublier que je n'arrive pas à oublier Mon Ancien Mari.

Gueule de bois : le type veut me faire un enfant malgré moi. Il est doux et manipulateur, et se désole bruyamment en public parce que je ne sais pas encore que je l'aime. Or, n'est-ce pas, tout le monde sait que je l'aime, ça crève les yeux. Son besoin de se mélanger et de se perpétuer m'éloigne un peu plus de la reproduction.

L'ENFANT-QUI-NE-SOURIAIT-JAMAIS

Je réceptionne enfin la lettre émanant de la présidence du Conseil des ministres, m'autorisant à retirer une nouveau-née de l'orphelinat Holy Baby.
En-tête : Royaume du Cambodge, devise : Nation, Religion, Roi. Ma fille est jusqu'à nouvel ordre sujet de Sa Majesté, et le restera jusqu'à l'adoption plénière qui sera prononcée en France, pays des régicides.

Depuis trois jours, la jeune Thavery a une maman mécanique : les gestes sont efficaces, qu'il s'agisse de porter, crémer, médicamenter, laver, caresser, nourrir, habiller, mais la tête engourdie ne suit pas.

Tel un jouet à piles remonté à fond, je ne m'arrête jamais.

Je ne sais pas ce que je fais mais je le fais bien.

Thavery ne m'a pas encore souri une seule fois. Je me suis préparée à donner sans recevoir en retour, mais la frustration est immense. Qu'est-ce que je croyais ? Que ce bébé se blottirait tout de suite contre moi, me regarderait avec adoration, et m'exprimerait en un regard humide et pénétrant sa reconnaissance ? A la façon d'un chiot battu qu'on arrache d'un refuge de la SPA et qui pourrait mourir de son amour de chien pour son nouveau maître ? Si je suis honnête avec moi-même, oui, j'attendais un peu de ça. Une manifestation de tendresse qui aurait tout balayé et m'aurait métamorphosée. Je repense à ces commentaires sur l'épiphanie de l'amour maternel, sur le premier échange de regards entre la mère et l'enfant, et j'en suis malade d'envie. Il doit y avoir quelque chose d'inapproprié dans ma façon de prendre soin d'elle. Ma fille a détecté la mauvaise mère.

Depuis quatre jours, j'ai face à moi un visage impénétrable. Elle ne me quitte pas des yeux, me tend les bras en permanence, mais son masque m'alarme.

J'essaye de me mettre à sa place. Elle est arrivée à l'orphelinat âgée d'à peine un mois et y a vécu quatre-vingt-dix pour cent de sa vie, allongée sur le dos dans un lit à barreaux, les yeux rivés aux mouches du plafond. Thavery redoute un mauvais coup du destin et se blinde pour ne pas être déçue. Elle doit pouvoir m'oublier si un affreux caprice la rapatriait à la case départ; elle ne doit pas s'attacher à cette grande forme blanche qui laisse tomber une pluie de mots doux dans une langue inconnue. J'ai pourtant besoin d'un signe de reconnaissance. J'ai peur d'avoir adopté un enfant meurtri, étranger à la joie.

L'Enfant-Qui-Ne-Souriait-Jamais. La petite sœur de l'Enfant-huître de Tim Burton. Cousine de l'Enfant-tache, copine de l'Enfant-brie. Et par-dessus le marché, présidente à vie de l'Amicale des Yeux Tristes.

Je vois clignoter ce titre sous mes paupières usées par la fatigue et le découragement. J'imagine les prochaines années avec une petite fille mélancolique qui sera très polie, mais restera prudemment murée dans sa vie intérieure.

Je repense à la remarque de Bertrand Tavernier. C'est bien le moment.

Je découvrirai plus tard que je ne savais encore rien des enfants ce jour-là

JE COMMENCE À FONDRE

Je rencontre un homme en juillet 2001.

Je suis une jeune divorcée amaigrie, éplorée, et c'est ce que je suis censée faire : rencontrer des pansements bien sous tous rapports.

Je n'arrive pas à communiquer avec lui. Encore trop parasitée par le souvenir de Mon Ancien Mari. Lorsque nous nous parlons, j'ai l'impression d'être dans une nouvelle de Raymond Carver. Je ne comprends rien à nos dialogues, mais je sais qu'ils sont intéressants.

Alors je m'accroche.

Et je commence à fondre.

ELLE AIME LES CANNIBALES

Thavery a passé les quatorze premiers mois de sa vie avec ses orteils pour seuls outils d'éveil. Comparée à n'importe quel bébé occidental, elle est une extraterrestre. Les dimensions de son univers se réduisaient à la surface de son lit. Si elle a du mal à saisir un objet volumineux, la miette de pain ou le grain de sucre n'échappent pas à ses petits doigts agiles. Il paraît que tous les orphelins sont comme elle. Leurs doigts sont myopes.

Ma fille se contente des flocons de poussière et des jeux d'ombres et de lumières sur le mur, des moucherons et des courants d'air, elle est l'enfant qui ne désire rien car elle ne connaît rien du monde.

Depuis qu'elle est avec moi, elle rejette les animaux en peluche, les mobiles tintinnabulant au-dessus du lit ou les jouets de fortune que je lui ai achetés au marché russe. Elle veut l'amour, pas ses substituts.

J'entame un journal de bord. Je le tiens pendant ses siestes biquotidiennes, et dès qu'elle commence sa nuit, vers dix-neuf heures. Une nuit ininterrompue, qui s'achève à cinq heures trente avec les coqs saluant le lever du soleil sur Phnom Penh. Je consigne ce qu'elle mange, boit et fait avec une précision d'intendante désœuvrée. Je vis claquemurée à l'hôtel Le Royal dans les vingt mètres carrés de la suite Jackie Kennedy, mère de deux orphelins de père.

Je ne peux plus lire une ligne qui ne soit consacrée à l'histoire des mœurs cambodgiennes ou à la bébéologie.

Par exemple, je découvre dans les récits de voyage de Tchéou Ta-Kouan, un émissaire chinois de la dynastie mongole Yuan, envoyé à Angkor à la fin du XIIIe siècle, une astuce qui permettait aux parturientes khmères de faire l'amour juste après avoir accouché. Il leur fallait préparer du riz chaud, le malaxer avec du sel et l'appliquer sur leur sexe congestionné un jour et une nuit. « Il se produit un resserrement qui laisse l'accouchée comme une jeune fille. Toutes les personnes que j'ai vues disent en outre que les femmes indigènes sont très lascives. Un ou deux jours après l'accouchement elles s'unissent à leur mari. Si le mari ne répond pas à leur désir il est abandonné », conclut l'avisé émissaire.

Avec l'adoption, voilà un problème éliminé, conclut l'amusée lectrice.

Aujourd'hui le régime de Thavery comprend cinq repas d'avocat écrasé, de riz, de lait, de miel et d'œuf. Hyperglucidique, hypernourrissant. Sa peau est sèche, son teint terreux, couleur de misère.

Après le déjeuner, nous nous écroulons sur mon lit où elle s'endort pour la première fois, calée entre deux oreillers. Le téléphone sonne. Je ne fais pas un geste vers le combiné. Deux yeux noirs s'ouvrent alors et me fixent, bizarrement espiègles. Ma fille rampe vers moi, plante résolument son regard dans le mien, frôle mon nez, louche un peu, et m'adresse soudain son tout premier sourire.

Ce bébé jusqu'alors si grave, aux yeux presque accusateurs, vient enfin de rejoindre l'enfance et ses territoires insouciants. Pour la deuxième fois en une semaine, j'ai le sentiment d'assister à une naissance. Je remercie encore et encore ce bébé, merci de m'avoir fixée le 2 juin dernier, par hasard, par réflexe, parce que tu nourris une curiosité machinale envers tous les Blancs, ou parce que quelque chose de l'ordre de la prédestination s'est joué entre nous, et que nous nous attendions.

Encore un sourire. Celui-ci me remplit les yeux de larmes, car j'y lis de la connivence. Le contact est établi. Enfant-fleur, ma fille s'ouvre enfin à moi et ne cessera plus de sourire.

Je note tout dans mon carnet, résolue à dater, mettre des mots sur cette révolution, sans la trahir, afin d'enregistrer la mémoire de notre relation. Merveilleuse et impossible entreprise.

J'installe ma fille au bord de la piscine et je lui mange les pieds. Elle rit de joie. Elle aime les cannibales. Un bon point pour elle.

SES MAINS SONT DOUCES
COMME DU TALC

2001, toujours. A moins sept kilos, je rencontre une femme.
Une femme...
Il fallait bien ça.
Et de toute façon je suis une jeune divorcée esseulée portée sur les expériences. Me dis-je pour tenter de contrôler l'affaire.

La maison palpite, bercée par le ressac de la machine à laver. Tout est languide comme en été lorsque l'été est réussi, vide, illimité. Je me le répète comme un titre de quotidien du matin. C'est l'été. Je rêvasse sur une chaise en paille, pieds nus sur le carrelage. Une femme surgit dans mon dos, annoncée par son parfum, *L'Heure bleue*. Elle enlace mes genoux, caresse mes épaules. Ses mains sont douces comme du talc. Cette femme articule sans me quitter des yeux « Je sors dans la chambre », me dit que c'est de la poésie, d'André du Bouchet. Elle me dit que je suis un vieil Anglais de soixante-cinq ans, raide comme un piquet de croquet, avec une lueur égrillarde dans l'œil. Elle me dit « Je n'en reviens pas ».

Sa bouche est un grand verre d'eau fraîche après un marathon couru dans une ville polluée. Sa bouche coule comme un glaçon sur ma bouche. Sa bouche procure l'ébriété sans l'alcool. Sa grande bouche en caoutchouc.

J'aime son visage néoclassique. Ses seins, deux museaux de hérissons tombés en arrêt devant des framboises. Je n'aurais jamais cru pouvoir aimer ce corps de femme, décalque du mien, en moins épais, ce corps nerveux, délié, mal proportionné, une boîte d'allumettes posée en largeur sur deux cannes de serin.

Je ne suis même pas intéressée par les femmes. Mais je succombe à celle qui m'a reconnue.

UNE CHANCE SUR SEPT

Rêvé de mon père. Il me promenait au jardin du Champs-de-Mars, me hissait sur un âne, puis m'offrait une glace.

Je voudrais retrouver son intonation d'alors, si particulière, «On se paye une glace, dis?» sur l'air de «On s'aimera toujours?».

Lécher des glaces ensemble, dans le soleil et la poussière d'une allée d'été fut une des séquences les plus intimes, les plus intenses de notre relation à travers les âges.

A l'heure du déjeuner, dans la cafétéria de luxe où je prends tous mes repas avec Thavery sous le regard morne des serveurs lassés de nettoyer les éclaboussures de ses repas, je trace avec ma fourchette des allées dans le sorbet à la noix de coco. Elles tremblent.

Au bout du cinquième jour de vie commune avec ce bébé, je sais que je suis responsable de quelqu'un qui n'est personne. Une enfant abandonnée par ses parents, trouvée par un inconnu, livrée à un chef de village qui l'a larguée à son tour telle une patate brûlante à un orphelinat. La prunelle de mes yeux est une pupille de l'Etat, ce boulet des pays pauvres, cette bouche inutile et culpabilisante qu'il faut nourrir tant bien que mal.

Lors de mes démarches préparatoires en France, j'ai rencontré un ancien chargé d'affaires culturelles en Asie qui a eu cette définition délicate de sa fonction : « La culture c'est la vaseline de la diplomatie. »

A ce compte-là, les orphelins sont les abcès de nos sociétés modernes. Conséquences des guerres, des dictatures, de l'étranglement des pays pauvres par le FMI, de l'instabilité politique, de la corruption, dont tout le monde cherche à se débarrasser.

Ma fille n'aura pas d'existence en France tant que le jugement d'adoption plénière ne sera pas prononcé. Une question m'obsède : si je meurs avant le jugement, que fera la DASS ? Que vaudraient ces quelques semaines de maternité balbutiante et déjà amoureuse au regard des textes de loi ? Mon enfant aux joues dorées serait-elle attribuée à une famille d'accueil trop heureuse de cette providence ?

L'homme et moi évoquons ce problème au téléphone et décidons de nous marier dès mon retour, ce qui lui permettra d'adopter Thavery par la suite. Deux paratonnerres valent mieux qu'un.

En attendant l'hymen, je me réveille trois fois par nuit, me rue vers le petit lit et passe une main à travers les barreaux pour sentir son abdomen. Pas un mouvement ? Elle est morte. Un petit ronflement brutal ? Elle agonise, c'est une crise d'asthme qui commence, ou un insecte qui s'est introduit dans son gosier. «Dort-d'un-œil-et-vit-à-quatre-pattes» est mon totem.

Chaque réveil est un miracle, et j'en récolte trois par jour. Le matin, et après chaque sieste, j'ai le sentiment de lui avoir insufflé la vie. Je ne me sens plus.

Le compte-gouttes administratif continue. Un message téléphonique du bon docteur K. m'attend : la lettre d'abandon est à ma disposition, ainsi qu'une invitation du ministère des Affaires sociales à me présenter au Bureau des adoptions de Phnom Penh pour recevoir officiellement l'enfant.

«Nolmalement, tout sela leglé lundi.» Nolmalement, c'est l'exception au Cambodge. Cet homme a de l'humour. Il y a quinze jours, un employé de l'ambassade de France m'a confié avoir reçu une consigne officieuse de la Mission de l'Adoption Internationale à mon sujet : «Méfiez-vous d'elle. C'est une journaliste qui est venue pour remuer la merde...»

Ce qui promet pour l'obtention du visa de séjour en France de Thavery.

C'est donc à l'issue de cette procédure de passation d'enfant que je paierai le docteur. Qui paiera à son tour ses interlocuteurs.

Il faut y venir. L'argent de l'adoption. Le diable. Comment l'occulter ? J'ai des dollars dans le coffre de l'hôtel, une somme substantielle mais trois fois inférieure à celle que déboursent les adoptants américains ou belges au Cambodge, ou à ce qu'on exige au Liban, au Guatemala, et parfois au Vietnam. Lorsque je serai priée de rédiger un compte rendu d'adoption pour le consulat, je comprendrai vite qu'une seule information intéresse les Français : le montant de la donation. Il n'est pas tabou : j'ai versé quatre mille dollars.

Les adoptants sont de formidables vaches à lait consentantes. « Complices d'abus de pouvoir, parents indignes, dégueulasses, casuistes. » J'imagine les qualificatifs dont la MAI nous gratifie. Mais je ne peux pas m'ôter de la tête les images de ces petits mendiants âgés de six ou sept ans, qui utilisent des nourrissons comme des appâts pour attendrir les touristes blancs et qu'ils trimbalent jour et nuit, en plein cagnard ou sous la pluie, collés sur le dos ou accrochés à leurs hanches osseuses.

On raconte à Phnom Penh que des médecins ou des rabatteurs d'orphelins essayent de convaincre les mères en situation difficile, lorsqu'il y en a, d'abandonner leurs bébés. On ne dit pas s'ils y parviennent. Quel est le sort le plus enviable pour un nourrisson déshydraté, dont l'espérance de vie est la plus basse de tout le Sud-Est asiatique, une chance sur sept d'avoir cinq ans ? Vivre chez des adoptants, ou mourir de pneumonie dans les bras d'une mère qui ne peut se payer ni le voyage à l'hôpital, ni les médicaments ? Le sentimentalisme avec lequel je formule la question peut la rendre irrecevable, mais je n'en vois pas de plus immédiatement brûlante dans le pays aux cent cinquante mille orphelins.

Au retour de la polyclinique, je dépose Thavery sur le sol de la salle de bains. Elle pousse un cri car elle vient de se découvrir dans un miroir en pied. Elle se regarde longuement. S'adresse de ravissants sourires. Continue à s'observer de la baignoire. Passe la soirée postée devant.

« Où pourrait-on trouver d'autre exemple d'une beauté si parfaite ? La surface grossière de son miroir n'est pas digne du visage qu'elle reflète. » Stèle du Mébon oriental, Angkor.

Thavery agite ses mains comme une Clodette en les suivant des yeux. Me regarde la regarder dans le miroir. Me désigne. Vertige de l'amour qui se mire. Ma fille, tu as un surnom pour au moins huit jours, Narcissette.

ECSTASY À VOLONTÉ

Nous sommes en octobre 2001. Plus rien ne compte que cette géométrie obsédante, cette nasse dans laquelle le désir de cette femme frétille comme un petit poisson. « Regard-bouche-doigts. Je te regarde, je te lèche, je te touche. » Elle me dit ça, en boucle. Elle fait ça, en boucle. C'est le sample du désir, c'est le désir qui s'enroule sur lui-même et se renforce alors même qu'il tente de s'épuiser. C'est la séquence idéale, l'abolition du temps, je voudrais qu'elle se concentre et disparaisse dans ce mouvement, une techno d'amour avec ecstasy à volonté. Sans risques pour la santé. DJ. Des Jouissances.

Je dîne avec l'homme que j'ai rencontré. C'est si complémentaire, un homme et une femme.

UNE APOSTROPHE DE MACHO

Quelques jours avant Noël, elle et moi écoutons une chanson trouée de Gavin Bryars.

Nous nous jetons l'une contre l'autre, bras et jambes emmêlés comme un paquet de tagliatelles au centre d'une assiette creuse. Je dis « oui », elle dit « non », et nous nous disons la même chose.

Je n'aime pas les femmes mais j'aime cette femme. Les mots ont un sexe et je ne pensais pas avant de la rencontrer être draguée un jour par quelqu'un d'autre qu'un homme. Elle m'a pourtant emballée, ma très pudique, avec une apostrophe de macho. « Toi c'est quand tu veux. »

Toic'estquandtuveux répété deux fois dans un souffle, alors que je quittais sa petite voiture si féminine, si parisienne de Kiraz, une Smart noire, toit ouvrant, intérieur cuir renard des sables, sa petite voiture de copine innocente qui accompagne de temps à autre une camarade faire du shopping.

Je me suis dit par la suite que cette femme médiumnique m'invitait à compléter une séquence laissée en suspens, prenant par la main l'adolescente hantée par Claudie pour lui faire rendre tout son désir refoulé, toute sa jouissance implorante étouffée depuis si longtemps, vingt-cinq ans au moins.

Comme un enfant mis au défi de sauter d'un plongeoir trop haut pour lui, qui se bute et s'arc-boute alors que son rêve est d'y aller, de s'ouvrir et de s'envoler, j'ai tout fait pour ne pas penser aux mots magiques « homosexualité féminine », mais je savais confusément que celle qui saurait me reconnaître pourrait me cueillir à la seconde, et que mes genoux ploieraient, que ma bouche appellerait ses seins dans une langue depuis toujours connue, que le Bois Dormant bruisserait enfin du chant du désir.

Cette femme m'a libérée d'un sortilège et si elle m'a orientée quelque part, c'est moins en direction des femmes que vers moi-même.

Une heure plus tard, Etienne Daho a remplacé Gavin Bryars, et soudain cette femme m'annonce les larmes aux yeux qu'elle a rencontré une femme qui aime vraiment les femmes, pas une intermittente qui la quittera sitôt l'envoûtement sensuel dissipé.

J'ai une telle confiance en l'homme que j'envisage de tout lui raconter, pour qu'il me console.

ENDORMIE À L'ÉTHER

« Plévoyez deux cent soixante-dix dollars en liquide, on vous donnera un leçu, c'est pour flais administratifs. » Je suis au Cambodge depuis maintenant quatre semaines.

Le jour de la passation est arrivé.

Nous sommes convoquées à 14 h 30, 68 boulevard Norodom, à la Direction des Affaires sociales et de la Réhabilitation de la jeunesse. Ce n'est qu'une formalité, on ne peut plus m'arracher Thavery puisque tout a été fait dans les règles, mais mon appréhension est vive. Ces étapes où l'administration scelle solennellement mon destin sont autant d'épreuves alimentant la culpabilité. Impossible d'y échapper. La culpabilisation de l'adoptante célibataire commence dès les premières démarches administratives et culmine lorsque la future mère est confrontée à des fonctionnaires de sexe féminin qui la toisent avec des mines de gynécologues écœurés par un lichen scléro-atrophique vulvaire.

J'ai été abattue dix fois dans le dos par des femmes du service de l'état civil à la mairie de mon arrondissement, les cerbères du service de légalisation du ministère des Affaires étrangères m'ont muselée avec du sparadrap et endormie à l'éther frelaté, sans parler de mon exil sur un caillou désert au beau milieu du Pacifique, en compagnie de mes compagnes biologiquement déficientes, à la demande et à la joie des viragos de la Mission de l'Adoption Internationale. Aux adoptants il est demandé d'être des surhommes mais ils sont traités comme des fâcheux ou des idiots.

Et encore.

Je passe à la télé. Je n'ai pas à me plaindre.

Au moment de s'endormir, ma fille fait un geste qui me chavire. Elle ne veut pas rester allongée, hurle, sanglote, se débat comme une couleuvre dans la gueule d'une mangouste, puis attrape ma main qui caressait son visage trempé de sueur. Elle pose cette main sur son torse. Son cœur décélère, et ma main l'écoute en silence. Son souffle s'apaise tandis que ses deux petites mains animées d'une vie indépendante, d'une volonté impérieuse, presque adulte, me tiennent fermement. Je suis cassée en deux au-dessus des barreaux du lit, et j'entends ma fille me dire « Ça suffit le bla-bla. Maintenant prouve-le. Prouve-le, tu es là pour ça. Rassure-moi, endors ma peur, prouve-moi que tu es éternelle, il faut bien ça pour adopter une pauvre gosse de hasard au bout du monde, et ne m'abandonne pas. »

Thavery, tu m'as maintenue contre toi en silence pendant une demi-heure. Tu étais éveillée, je le sais à ta pression qui se précisait dès que j'essayais très doucement de me dégager. Et puis tes mains m'ont lâchée, j'en redemandais pourtant, j'aurais bien traversé la nuit avec toi mais tes bras ont glissé le long de ton corps, tu as poussé un grand soupir de détente, et tu t'es endormie.

LES ATHLÈTES LE SAVENT

La passation fut étrange, et je l'ai vécue dans un rêve.

Pour rejoindre le Bureau des adoptions, situé au troisième étage d'un bâtiment délabré, nous dûmes traverser des épaisseurs de linge douteux séchant sur des fils de nylon tendus n'importe comment, au risque de scalper – ou décoiffer – le visiteur. Deux sherpas improvisés montèrent la poussette dans les étages, à la joie de Thavery qui moutonnait dans les airs, indifférente aux odeurs de pisse... Des esclaves se consacraient à l'amuser... Tyrandamour.

Poussant la porte de l'officine à quatorze heures vingt-huit en compagnie d'un représentant de l'orphelinat qui se volatilise aussitôt, je suis accueillie par une femme très pomponnée, au sourire commercial, qui me fait asseoir dans un canapé défoncé. Le ventilateur du plafond brasse des remugles d'oignon. Des dossiers cornés s'empilent sur une table recouverte de linoléum marron.

La femme me demande l'argent en regardant ailleurs.

Je le lui donne.

Elle me tend un reçu.

Les sommes ne coïncident pas. Peu importe.

Elle demande d'attendre.

J'attends.

Thavery bâille.

Elle n'est pas seule dans ce cas.

C'est l'heure de la sieste.

Des mâchoires se décrochent.

L'horloge murale retarde.

Passent trois hommes mastiquant bruyamment leurs cure-dents. J'avise une dentition de piranha. C'est l'occasion de constater que la stomatologie laisse à désirer au Cambodge. Les secrétaires s'inclinent obséquieusement sur le passage du dernier. C'est le chef, il disparaît derrière une porte.

Une Blanche très bijoutée suivie de sa camériste cambodgienne fait entrer un petit en poussette. On m'apprend que son nom de naissance est Manille mais qu'il sera rebaptisé Augustin. J'ai un flash. Il n'y a pas d'amour, il n'y a que des preuves d'amour. Je médite sur la pertinence de ces saints propos appliqués à l'adoption.

Nous attendons, prostrés, sans oser nous regarder. Certains adoptants aiment mariner dans le grand bain tiède de l'expérience partagée, inlassablement commentée ; ils y puisent du réconfort, et la satisfaction d'être conformes ; la grégarité m'a toujours semblé gluante et je m'en garde, y compris à Phnom Penh.

J'ai peur que le plafond ne s'écroule sur nous, on se croirait dans une officine peu florissante d'import-export, cinq employés qui survivent dans dix mètres carrés, « dis, c'est loin la fortune ? » Assez décontracté pour une antenne gouvernementale.

Une voix chuinte «*follow me*». Je me retrouve face au chef. L'homme clé du dispositif, le responsable du Bureau des adoptions.

Il nous dévisage longuement. Prend des notes. Nous observe encore, Thavery sur mes genoux, bien que je n'aie plus de jambes, et moi, trempée de sueur

Il me fait peur.

Puis en anglais « Alors, c'est elle ? ».

Je croasse « Oui », il n'attendait de toute façon pas de réponse.

Ce fonctionnaire met en scene notre entrevue avec un plaisir manifeste, il garde la main et fait monter l'angoisse. Le chef sait bien que je suis arrivée jusqu'ici grâce à un concours de circonstances exceptionnel, et une brèche dans le blocus de l'adoption institué par les Français. Il sait aussi que je sais qu'il sait que je ne devrais pas être devant lui avec un enfant. Même si ma présence, mes devises, et un lit vacant dans un orphelinat arrangent tout le monde.

Cet homme joue avec mes nerfs.

Adoptor tremble dans ses sandales.

Il me redemande si c'est bien Holy Thavery qui se tient devant lui, puis hoche la tête en silence. Je me retiens de partir en courant, tant ma crainte est grande de rire nerveusement, de l'insulter ou de vomir sur ses papiers. Une analogie me vient à l'esprit. Je pense aux prisonniers échangés par l'ex-RDA et la RFA, les deux Corée, Israël et le Liban, tous les pays en guerre. Les pauvres gars qui tremblent de tous leurs membres en comptant « plus que cinq mètres, plus que quatre mètres… », implorant un dénouement heureux sans y croire tout à fait, redoutant qu'à la dernière seconde se dresse devant eux la figure de l'adversité. L'espérant peut-être, pour certains. On ne sait plus. Tout se mélange, il n'y a pas d'autre mot.

Et puis un chef me tend un stylo mâchonné, dont je m'empare comme s'il s'agissait d'un calice. Et un passeport. Le stylo, pour signer quelque chose que j'ai oublié depuis, le passeport pour le serrer sur mon cœur. Mon petit fantôme est enfin individué officiellement.

La pièce d'identité cambodgienne porte le n° 025 61 85, elle est valable jusqu'au 20.6.2006. La photo de Thavery ne lui ressemble plus.

L'homme me congédie enfin avec un regard de batracien philosophe, et nous sommes invités, avec l'autre maman et tous les membres du Bureau, à poser pour une photo-souvenir sur la terrasse.

Sympathique initiative.

Je donnerais cher pour voir un jour le cliché. Cinq Cambodgiens en bras de chemise, tout sourire, entourant deux Blanches hagardes et deux bébés qui ne peuvent pas percevoir le comique désolé de la situation. Le photographe crie « *cheese* », et c'est fini.

Réapparu pendant la photo de famille, le sous-directeur de l'orphelinat agite ses bras vers moi et me prévient, l'air embarrassé, que le certificat d'adoption n'a pas été signé par le ministre concerné, toujours en tournée électorale dans son fief de province.

Je perds mon sang-froid. C'est idiot, mais j'écume de rage et j'exige des explications. Exiger est bien la dernière chose à faire avec un Asiatique mais je ne me contrôle plus lorsque je lis dans le regard de mon interlocuteur, qui n'a pas cessé de sourire, qu'il a honte pour moi.

John Le Carré, viatique parmi d'autres pour le Cambodge, John Le Carré dans *Comme un collégien* : « Nous les colonisons, Vos Grâces, nous les corrompons, nous les exploitons, nous les bombardons, nous pillons leurs villes, nous ignorons leurs cultures et les confondons avec l'infinie variété de nos sectes religieuses. Nous sommes affreux, non seulement à leurs yeux, Messeigneurs, mais à leurs narines aussi : la puanteur du Blanc leur est insupportable et nous sommes trop abrutis pour le savoir. Pourtant, quand nous avons fait le pire et plus que le pire, mes fils, c'est à peine si nous avons éraillé la surface du sourire asiatique. »

« Quand ?

— Le ministre devrait rentrer demain... »

Ce sera donc après-demain au minimum, et les démarches pour le visa repoussées d'autant.

Plus que deux mètres, plus qu'un mètre...

Les athlètes le savent, les évadés aussi : les tout derniers mètres sont intenables.

OÙ EST LA MÉMOIRE

Je repense à cette femme, cette brèche si vite refermée dont l'absence de traces dans ma vie d'aujourd'hui me ferait presque douter de son existence. Où est la mémoire interdite de notre histoire d'amour ? Où sont passés nos milliers de mots et de gestes, et cette fabuleuse sensation d'avoir grâce à elle recouvré miraculeusement l'usage de tous mes membres, de toutes mes facultés, après quarante années hémiplégiques ?

Si j'avais choisi de vivre avec cette femme, si j'avais quitté pour elle l'homme tout juste rencontré, ne serais-je pas devenue à travers cet acte apotropaïque la première femme de mon père, démone castratrice, adorable duplice, une boucle se refermant ainsi, ovoïde et parfaite comme un œuf ?

On reproduit ce qu'on peut.

LES PHONÈMES C'EST MARRANT

Ma fille, quatorze mois et demi aujourd'hui.

Sa nouvelle vie l'exalte.

J'aime ses orteils crispés par la concentration accordée au cérémonial du biberon. La tache bleue au bas de ses reins, la tache mongole des Asiatiques. Quant à ses fesses, un sourire piqué de deux fossettes kirkdouglasiennes les sépare. En changeant ses couches, j'admire son petit anus, soleil noir aux rayons parfaits.

Ma fille a une odeur forte. Comme tous les bébés ? Ma fille sent les pâtes au parmesan chaud.

Avant ma fille, je me parfumais avec *Fracas*. Maintenant, mon parfum, c'est Fracacas.

Les phonèmes c'est marrant. Ma fille ne s'en lasse pas. A ce stade rien ne permet de distinguer un accent cambodgien. Mais quand ma fille dit maman, j'entends mamang. Et je me demande si ma fille, cette merveille, réclame une mangue, car elle sait que son pays natal en produit de succulentes, ou si elle appelle drôlement sa mère.

Je lave le visage de ma fille à l'Evian Comme Claudia Schiffer.. Sauf que Claudia Schiffer n'est pas coincée sans jouets et en pleine saison des pluies dans la ville de Phnom Penh envahie par les moustiques et les odeurs pestilentielles. Ma fille, si.

Ma fille aime la musique, et la danse. L'autre jour, une ambulance est passée toutes sirènes hurlantes sur le boulevard

Monivong. Ma fille a remué les mains en cadence et s'est dandinée comme une folle. Elle dansait au rythme du pin-pon.

Ma fille ? Pas la chair de ma chair, donc. Mais la chair de mon âme ?

Ma petite fille cambodgienne devenue au fil des jours enfant du pays de mes bras, fille de la région où je la nomme.

Bien sûr. Juste pour le plaisir d'écrire « ma fille ».

JE RIVALISE AVEC PAOLO COELHO

Dix jours après son arrivée, Thavery est passée du mode lombric, n'interrompant ses longues plages de sommeil que pour manger des purées, à un état d'éveil qui justifie les trois-huit, l'épuisement et la solitude. La pauvrette qui s'occupait avec un grain de riz à sa sortie de l'orphelinat s'est métamorphosée en bébé avide.

Par-dessus tout, son regard a changé. La mélancolie des débuts a disparu. Il y a dans ses yeux de l'espièglerie et une adoration sans bornes.

C'est donc ça, le carburant des adoptants? L'amour de ces petits étrangers nous comble et nous rachète? Si un bébé qui ne connaissait pas notre odeur quinze jours auparavant est capable de s'en remettre totalement à nous, alors c est que nous ne sommes pas si mauvais? Sincèrement, oui. Je parle pour moi. Au nom de la fillette chafouine qui triturait les mouches, les grenouilles, tapait les chiens avant de les serrer dans ses bras et de les consoler. L'enfant rusée et véloce, la terreur des faibles, le bourreau des gentils garçons. L'enfant qui ne savait pas aimer.

Thavery me rend meilleure. Elle a besoin de moi, et présume que je suis bonne. Pour être à la hauteur de cette infinie confiance accordée sur la foi d'un regard brûlant, je deviens bonne. Elle me fait du bien. Elle me vertèbre, me structure. Je me lave dans l'eau pure de ses yeux.

Ce ne sont pas les enfants adoptés qui devraient être reconnaissants, mais leurs parents. Les petits nous font naître au courage, à l'abnégation, à la lucidité. A l'oubli de soi.

Euphorisée par deux verres de vin rouge, je relis mes notes et me marre toute seule. Encore un effort et je rivalise avec Paolo Coelho.

Une amie française de passage sur la route d'Angkor et de la Birmanie nous rend visite. Thavery lui offre ses premiers pas assurés et se jette dans ses bras en riant au ciel. J'en suis malade. Je suis jalouse, tout bêtement. J'ai envie de la sortir par la peau des fesses. Après tout, que représentent pour Thavery dix jours avec une mère autoproclamée face à quatorze mois sans elle ? Quelle est la magnitude de cet attachement non biologique ? Souffrira-t-elle, comme certains enfants adoptés à deux ans, de ces troubles de l'attachement qui rendent les orphelins extraordinairement sociables mais les empêchent de nouer un lien profond et exclusif avec leurs parents ? Tout se confond-il tant le besoin d'amour est grand ?

J'ai tellement besoin d'être rassurée... mais personne, dans cette ville du bout du monde, n'est capable de le faire.

Le certificat d'adoption n'est toujours pas signé aujourd'hui. Demain sans doute.

L'hôtel commence à me coûter une fortune, Thavery a une colique persistante que je n'arrive pas à soigner, et moi je ne supporte plus rien ni personne.

ENCRE SYMPATHIQUE

Le pansement de l'été 2002 est devenu mon homme.

L'homme est un saint (je plaisante, il est juif) : il s'engage avec une femme qui ne veut pas se reproduire. Il renonce à la dispersion de son ADN, immole par amour ses gamètes, abandonne la perspective de se retrouver en miniature dans notre enfant. En plus je ne suis pas juive. J'imagine la tête de ses parents.

L'homme a tout de même été choqué par ma légèreté face à l'adoption. Il a trouvé mon insouciance inhumaine. Le renoncement à l'enfantement aurait dû, selon lui, s'accompagner d'une profonde crise de doute, allant si possible jusqu'à la dépression. Du sérieux.

Comment lui faire comprendre ? Je ne perds rien en ne me reproduisant pas. Je ne suis tout simplement pas concernée par cette aventure. Elle m'est étrangère. Mon horloge biologique n'a pas d'aiguilles. Une femme enceinte est une vision distrayante qui éveille en moi un intérêt semblable à celui que peuvent susciter les mœurs d'une peuplade lointaine, dont on vanterait l'ingéniosité ou le rapport au sacré. Les femmes enceintes sont mes Pygmées, mes Bororos, mes Nambikwaras. Humaines, comme moi, mais incompréhensibles.

Parce que nous ne sommes pas mariés, l'homme disparaît lors de la procédure d'adoption en France. Sa présence dans le corps de l'histoire se laisse donc deviner à la manière d'une encre sympathique qui se réactivera en temps voulu.

JE PARIERAIS POUR MAMAN

Thavery pleure sans discontinuer depuis le petit déjeuner. Elle fait ses dents mais je ne le sais pas. Excédée, je la pose brutalement dans sa poussette. Ses yeux sont effarés, elle redouble de sanglots. Je pourrais donner tout ce que je possède pour que ce regard n'ait pas existé. Je fonds en larmes de nervosité. Après un long silence, elle éclate de rire, c'est-à-dire qu'elle piaille et glousse à gorge déployée, et finit par rouler sur le lit vers un passionnant tube de crème.

Visions atroces de petit corps noyé dans la piscine, le cou bleu. Je ne la mérite pas. Je me fais peur en marmonnant « je la rends demain ».

La rendre à qui ? Elle existe dans les

limbes. Je n'ai toujours pas le certificat d'adoption.

Ma-mang!
Quel est le mot le plus prononcé au monde? Y a-t-il eu des études sur la question? Est-ce «non», «au secours!», «argent», «amour», «pourquoi?»?
Je parierais pour Maman.

DES PETITS SQUELETTES

Bali, plage de Jimbaran, en 2002.
J'avise une paire de minuscules sandales de bébé oubliées sur un drap de bain. Elles portent des inscriptions en japonais. Il me faut ces petites choses chétives. Je les subtilise. Elles me répugnent un peu et me font penser à des petits squelettes stoppés prématurément dans leur évolution.

Je les glisse malgré tout dans ma valise avec un sentiment de malaise disproportionné par rapport au larcin. A Paris, je les dissimule au fond d'un tiroir. Telles des branches de corail qui perdent leur éclat sitôt hors de l'eau, les sandales sont maintenant moches et sales, leurs semelles rongées par le sel ; des animaux hilares courent sur leurs lanières rouges et jaunes. Certains soirs, je les pose devant moi et je me répète : « Il faut qu'un corps habite ces sandales. » Les jours de grand découragement, lorsque le Cambodge a l'air de s'éloigner, leur vision me fait sangloter. Je ne peux plus m'arrêter. J'ai l'impression qu'elles sont tout ce qu'il me reste.

Leur présence me dérange, pourtant je ne me résoudrai à les balancer que la veille de mon départ pour Phnom Penh. J'ai failli les emporter mais j'ai redouté qu'elles me portent malheur.

C'est le contraire qui s'est produit, mais j'ai certainement fait pleurer un enfant l'été dernier.

UNE FEMME SUSPEND SON STYLO

Sourire d'orage aux lèvres, un émissaire de l'orphelinat monté sur ressorts déboule dans ma chambre d'hôtel. Je n'aime pas son regard jaune d'héroïnomane en manque, ni ses manières grossières, mais il me porte le certificat d'adoption enfin signé et traduit. Tandis que je vérifie noms et dates, mon interlocuteur grelotte un bref rire rauque et réclame des dollars « pour le sevice ». On ne refuse rien à des yeux aussi étincelants.

Sa poche avale un billet de vingt dollars. Il attrape des allumettes sur le bureau, se colle une cigarette locale qui pue, une 555, derrière l'oreille, et sort à reculons sans cesser de me fixer.

Je file au consulat avec l'infatigable complicité de Clint, qui se transforme un peu plus chaque jour en Satanas au volant, sans chien Diabolo, hélas. Sa femme a accouché dans la nuit d'un garçon. Ils n'ont pas encore choisi de nom. Il n'a pas l'air de bien comprendre ce qui lui arrive, à moins qu'il ne soit gêné d'être un « vrai père » et qu'il n'ait peur de me froisser en manifestant sa joie. Clint conduit comme un dératé, mais c'est un homme bon.

La demande de visa pour Thavery est expédiée au ministère des Affaires étrangères qui a pour principe de ne plus autoriser l'entrée d'enfants cambodgiens en France.

Je sais qu'à Paris une femme suspend son stylo au-dessus du fax de la MAI, fait dire qu'elle entre en réunion et n'en sortira que pour déjeuner, « alors elle attendra lundi, l'adoptante Quin, y a pas le feu, j'y suis pour rien si y a du décalage horaire », une femme pas vraiment mécontente de faire poireauter quelques jours de plus une enquiquineuse qui se croit au-dessus des lois.

Cette sous-directrice qui œuvre dans la théorie mais si peu sur le terrain, à laquelle l'adoptant inspire généralement un peu de mépris ou d'incompréhension et qui n'est pas disposée à sacrifier son jambon-cornichons en terrasse, cette dame m'emmerde, pour le dire clairement. Elle me tient à sa merci, et mon trop familier sentiment d'impuissance me fait craquer, hurler de fatigue, défaire les valises remplies au petit bonheur ce matin, et m'arsouiller lamentablement avec les mignonnettes du minibar, une fois Thavery endormie.

NOS VIES MARSUPIALES

Inoubliable week-end, simplement parce qu'il est le dernier. Nous sommes fin juin. La mousson est là.

L'air est doux sur ma peau comme une eau savonneuse. J'arpente lentement l'hôtel et son jardin de frangipaniers, luttant contre l'envie de faire une ou deux marelles sur les dalles noires et blanches. J'engouffre la poussette de Thavery dans les profonds ascenseurs entièrement lambrissés de bois, impressionnants sarcophages verticaux qui propulsent avec un *woufff* sensuel leurs passagers vers de longs couloirs vides.

Je m'emplis des sons résonnant d'un mur à l'autre, comme dans les canyons silencieux et chauds d'une ville estivale, je respire de toutes mes forces les odeurs de fruits trop mûrs, et celle de l'encaustique savamment passée par de gentils jeunes hommes dont les machines à cirer ronronnant tels des félins repus fascinent Thavery.

J'aimerais fixer pour toujours dans ma mémoire nos allées et venues pendulaires, ma fille à roulettes se retournant sans arrêt pour s'assurer de ma présence. Nous circulions toujours aux mêmes heures, entre les mêmes points immuables, en une sorte de rituel édicté par le biorythme de notre petite cellule d'amour autarcique. De six heures à dix-neuf heures, chambre, restaurant, chambre, piscine, chambre, restaurant, piscine, chambre, bar, restaurant, chambre... Pendant ces trois semaines passées en tête-à-tête avec ma fille, le temps s'est arrêté. Je me suis dit que nous aurions pu vivre ainsi sans plus jamais changer ni grandir, dans une fusion totale.

À mesure que le départ approche, je me languis de nos vies marsupiales. Cette conspiration finalement heureuse, abritée dans une planque utérine de fortune a permis à une mère et sa fille de s'enivrer l'une de l'autre. Je sais que cet état est révolu.

Au cours de ce dernier mois, je n'ai pas eu envie d'autre caresse que son souffle sur mon cou, d'autre contact épidermique que ces roulés-boulés sur mon ventre, ces mains qui me trituraient, me tâtaient, me pinçaient, m'exploraient sans aucune précaution. Petites mains naturellement propriétaires, jeunes dents mordillant un peu de maman.

Il est là, le paradis perdu.
Un cordon ombilical lui survivra, qui m'attache à ce pays.

TABULA RASA

Holy Thavery est née le 9 avril 2002, à la fin de l'année du Serpent, ou le 9 avril de l'an 2545 après la mort du Bouddha, de « mère et père inconnus ».

Elle a quatorze mois. Son acte de naissance est une voie sans issue. Pas de lieu de naissance, pas d'ethnie définie, le manque de détails informe en creux sur la chaîne de solidarité qui évita la mort à un nouveau-né.

Depuis que les Khmers rouges ont détruit l'état civil cambodgien, deux enfants sur trois ne sont pas déclarés correctement à la naissance. Les parents ne peuvent pas payer les frais d'enregistrement.

Pourquoi, et par qui fut-elle abandonnée ? Tout est possible. Une très jeune fille affolée à l'idée du déshonneur, un couple de miséreux dans la géhenne n'ayant pas les moyens de nourrir une bouche en plus, une prostituée vietnamienne, cambodgienne ou thaïlandaise. Le docteur Garen aurait détecté des traits vietnamiens chez Thavery. Est-elle une fille de « barbares », comme les surnomment les Cambodgiens ?

Je cherche sur Thavery « la peau noire, c'est-à-dire à la fois très foncée et cuivrée, l'œil dur, la mâchoire carrée, les dents courtes – comme de petits blocs usés sur le dessus – et les trois sillons horizontaux du cou, placés l'un sur l'autre, si caractéristiques – et si élégants chez les filles – qu'ils ont été choisis comme un des attributs hiératiques de la beauté sur les peintures murales », je cherche les signes spécifiques aux Khmers recensés par l'ethnologue François Bizot dans son livre *Le Portail*.

Un expatrié en polo aubergine, croisé dans une pharmacie, a caressé la joue de ma petite fille puis ne s'est pas gêné pour m'avertir qu'elle avait tout d'une Vietnamienne, « ce qui ne serait pas étonnant vu le nombre de jeunes prostituées vietnamiennes qui sucent la moelle de Phnom Penh hum hum. »

Ça n'a pas d'importance. A-t-on jamais entendu parler du gène de la prostitution ? Je crois à la puissance de l'acquis, et à la liberté qui nous est accordée de nous réinventer. Je vais cloner ce bébé, comme tous les parents biologiques s'y emploient naturellement. Les forces centripètes du mimétisme forgeront doucement l'identité si complexe de Thavery, fille de deux mères. La première dans le temps, un miroir déformant dans lequel ma fille ne pourra jamais se chercher autrement que de façon spéculative, imaginaire. La seconde, un miroir sans tain dans lequel elle désirera peut-être se reconnaître.

Elle pourrait être née d'une passe, elle n'en demeurerait pas moins mienne.
Mon enfant palimpseste.

Alors je me dis « fille de pute » comme on s'arrache une peau, pour sentir la douleur, osant à peine écrire ces mots, tant ils me semblent sacrilèges, mais ils ne changent plus rien.

Cette enfant est ma fille d'élection.
Tabula Rasa.

JE DEMANDE PARDON

Nevers, mai 1889. Deux frères tout à fait roux et qui s'adorent se regardent avec effroi un matin de mai, à l'aube. Après avoir bouclé leurs malles, Louis et André feront leurs adieux car ils partent tenter leur chance au Brésil à Manaus, dans l'Amazonas. Les lèvres décolorées de leur mère n'arrivent pas à articuler le moindre mot, la bonne est en larmes, seule leur petite sœur se réjouit sans comprendre et bat des mains.

Après Paris, où ils feront un tour au bordel, et recueilleront auprès d'un cousin notaire quelques recommandations, ils se rendront à Bayonne puis Lisbonne. Là-bas, ce sera déjà le Brésil. Logés dans une pension avec vue sur le Tage, ils consacreront quelques semaines à l'apprentissage des rudiments du portugais, puis embarqueront sur le *Rivadavia*. Le bateau appareillera pour Belém, avec à son bord deux rouquins tordus par la colique et l'excitation.

Mes deux incroyables provinciaux.

Mon aïeul Louis et son frère André.

Dix-huit mois les séparent mais un objectif commun les réunit : jouir comme des cochons sauvages et vivre en Technicolor.

Ils partent faire fortune dans l'or mou, connu aussi sous les appellations d'hévéa, seringueira ou babaçu. Ils ne sont pas en avance. Le boom a commencé en 1870. André, le cadet, a convaincu son frère de partir pour le Brésil. Manaus a toujours été « La terre de l'homme bas dans la forêt des femmes célibataires » pour les Indiens, mais la population cosmopolite qui s'y presse depuis 1848 en a fait le « Paris tropical » des Amériques. De fait, un Français, Charles Peyroton, y a édifié un très prétentieux théâtre qui contribue à la légende.

Depuis un an, André saoule son frère avec les récits de voyages extraordinaires de Léry et Villegaignon chez les Indiens tupinamba du Brésil, lui fait miroiter la saga industrielle de Charles Goodyear qui découvrit en 1839 le procédé de vulcanisation du caoutchouc, lui serine que des flux migratoires vers les Amériques sont en train de changer la face du monde, et qu'on ne peut pas s'encalminer à Nevers.

Il s'exalte à propos du café, du bois rouge sombre, des diamants, et de ce don de la nature qui suinte des arbres, cette gomme révolutionnaire à partir de laquelle on fabrique les pneus automobiles.

Il ne dit pas qu'il se masturbe souvent sur une gravure de Bry représentant une Indienne anthropophage à l'air sournois, toute nue sauf une parure de coquillages nacrés qui lui ceint les hanches et des bracelets de genoux, une moricaude terriblement excitante avec ses petits seins pointés vers le haut et ses cuisses épaisses.

Il interloque la table du dîner de Noël 1888 en criant que l'homme du XIXᵉ siècle doit se réinventer, s'évader, faire confiance aux merveilleux ailleurs comme l'ont fait pour de vrai ou en rêve ses poètes préférés. Il menace «O que ma quille éclate, O que j'aille à la mer!» il rugit «Je partirai!» Il énerve son père en s'esclaffant que les frères Quin de Manaus n'auront pas d'esclaves dans leur plantation d'hévéas puisque l'esclavagisme vient d'être aboli par la loi Aurea, il rend dingue sa mère qui appréhende déjà la sacoche vide du facteur et qui ordonne à André de quitter la table mais pense que son fils cadet est tout de même bien érudit, et c'est à ce moment-là, le 24 décembre 1888, que maître Quin, notaire à Nevers, s'écroule dans son assiette de consommé de langouste, foudroyé par une rupture d'anévrisme.

L'héritage a opportunément financé l'expédition.

Sur place, comme ils l'avaient calculé, André et Louis firent fortune et cela leur prit cinq ans. Aujourd'hui que le monde est devenu une planète sans secrets, rétrécie par les lignes aériennes, on ne mesure plus ce qu'un tel voyage pouvait avoir de culotté. Traverser la terre à l'aveuglette, sur la foi d'une rumeur enjolivée par la distance et la soif d'exotisme! Je crois pourtant qu'ils ne percevaient que la dimension pratique de ce voyage. Faire de l'argent loin.

C'est moi qui réalise avec le recul l'importance des répercussions humaines de ce déracinement, car une nouvelle branche advint sur l'arbre familial. Un sang neuf, indien, se mélangea au nôtre dès 1893 et coule peut-être encore aujourd'hui dans des veines dont les propriétaires démultipliés forment une arborescence quinesque fabuleuse, inconnue de mon père et moi.

A peine installés, les frères se partagèrent les rôles sans avoir besoin de se concerter. L'un, le cadet, aima. L'autre, l'aîné, compta. L'un, le cadet, oublia, l'autre se souvint, et commença à se languir de la maison natale. L'un se mit en ménage avec Menita, une Indienne cangueira, l'autre rentra en France cinq ans jour pour jour après son arrivée et rencontra sa femme lors de l'escale au Portugal. Louis, l'aventurier provisoire, est le grand-père de mon père.

De son côté, André eut très vite deux enfants, Epitacio et Benedita qui portèrent son nom ; avec ses voyelles, il n'est pas difficile à prononcer en portugais. Epitacio eut le malheur de se sentir redevable vis-à-vis de la République française qui lui avait donné un papa. Il traversa les mers dès le début de la Grande Guerre pour se battre contre les Allemands – Epitacio n'avait pas la moindre idée de ce que pouvait bien être un Allemand – mais il se fit tuer deux mois après avoir posé le pied sur le sol du pays natal de son père. Le caoutchouc qui fit la fortune éphémère du père fut à l'origine de la mort du fils : Epitacio ne fut pas tué par une balle, ni transpercé par une baïonnette, ni éviscéré par l'explosion d'une grenade, ni même pulvérisé par un obus. Il périt asphyxié dans l'incendie d'un entrepôt militaire français de pièces détachées qui ne contenait que des pneus et des masques à gaz, rien que du caoutchouc.

Restait la petite Benedita, dite Bebe, qui était élevée depuis longtemps par sa mère. Une dépression nerveuse avait abattu André avant même que la nouvelle de la mort affreusement ironique d'Epitacio ne soit arrivée à Manaus.

André était ruiné. La généralisation de la banqueroute à toutes les corporations, planteurs, courtiers, banquiers, mais aussi restaurateurs, couturiers, blanchisseurs, ne le consola pas. Malgré la surveillance des douanes, des petites graines d'hévéa avaient été sorties du pays en contrebande par un Anglais de Santarém et expédiées en Asie du Sud-Est, notamment au Cambodge, et à Ceylan. Les euphorbiacées s'acclimatèrent bien et suintèrent leur miraculeux latex, récolté pour rien par les indigènes d'Insulinde. Un monopole s'écroulait. La banqueroute fut spectaculaire car foudroyante, et la capitale du caoutchouc ne s'en remit jamais.

Au début de sa dépression, André était toujours vêtu de blanc, il était encore un original, comme la ville en comptait tant, il était L'Homme en blanc. Puis il devint L'Haleine, rejoignant les théories de pauvres rongés par les vermines tropicales, et encore plus tard, Le Gueux. Anéanti par la dégénérescence de sa chimère – faire fortune et voir sa mère lui sourire sur le quai de la gare de Nevers avant de la couvrir d'or, de diamants et de platine – il rendit l'âme sur un galetas bourré de punaises, loin de sa femme et de sa fille. Bebe apprit la mort de son père par un de ses créanciers. André était depuis longtemps un fantôme de père. Très jeune, à seize ans, elle eut une fille avec un propriétaire terrien si clair de peau qu'il lui rappelait André. L'homme ne reconnut pas son enfant et refusa d'épouser Bebe. « Je vous nourris, c'est déjà bien beau comme ça », menaça-t-il.

La suite appartient à la légende familiale.

Pour ne pas subir l'opprobre du voisinage, l'adolescente aurait déménagé en 1922 à Iranbura, faisant passer sa fille Rosa pour sa petite sœur, selon une confession tardive recueillie par sa mère. Le lendemain de ses quatorze ans, la jeune Rosa que l'on disait fine et racée comme un jaguar, aurait été enlevée et expédiée dans un bordel d'outre-mer. La douleur de Bebe, qu'elle ne pouvait pas extérioriser faute de quoi son état infamant de fille-mère aurait été connu de tous, fut aggravée par le secret.

En 1930, la jeune femme reprit le nom indien de sa mère, Apurina. Elle en avait terminé avec les hommes et disparut peu après de la surface de la terre. Le nom du père, avec ses amusantes voyelles comme dans le mot qui l'avait tant fait rêver, seringueiro, s'évapora au-dessus du Rio Negro.

On aurait pu croire qu'il n'avait jamais existé.

Rentré en France, Louis se désintéressa du sort de son frère et de ses descendants. Mon père évoque parfois l'aventure sud-américaine des Quin avec un enthousiasme étonné, comme s'il ne s'agissait pas de sa famille, mais celle de voisins de palier un peu originaux. Tout ça, si vieux, si loin... L'Amazonie ne hante pas son sommeil.

Quant à moi, je n'ai jamais essayé de retrouver la trace des éventuels petits, arrière-petits, et arrière-arrière-petits-enfants de Bebe. Je ne voulais pas de ces chaînes-là et pourtant, à travers Thavery, j'adopte aujourd'hui Bebe Apurina. Je demande pardon à cette petite Quin privée de sa fille et de son père, cette petite Quin morte de solitude au siècle dernier, et interdite de séjour dans le livre familial depuis bien trop longtemps.

MON AMIE DES MIETTES

Lundi 30 juin. Les billets d'avion sont prêts, le compte à rebours a commencé pour la délivrance du visa. Ce mot de toutes les maternités arrivant à leur terme, délivrance.

Le vol pour Bangkok est à vingt heures trente. Je donne le biberon à mon téléphone et je tapote sur Thavery, je fais n'importe quoi.

Dix-sept heures : rien. J'ai commencé à défaire les valises. Ma fille me regarde en silence.

Dix-sept heures cinquante : coup de fil de l'ambassadeur, un homme ouvertement opposé à l'adoption mais capable de se comporter avec humanité.

« Ma secrétaire hulule que votre fille est

malade depuis huit jours et chie partout!... Bon... Vous allez rater votre avion, on ne va pas vous retenir indéfiniment, je signe le visa et je vous le porte à l'hôtel dans un quart d'heure. »

Si compliqué, si simple...

Sur la route de l'aéroport, comme si la ville et mon regard étaient décapés par une pluie lustrale, tout resplendit, semble neuf, gentiment coloré.

J'ai du mal à l'admettre, mais notre départ me déchire le cœur. Je quitte un pays dont je n'ai rien vu ou presque, mais j'y ai fait la seule expérience existentielle de ma vie d'adulte, le choix d'une filiation.

Piégée par ma couleur de peau, cette blancheur synonyme d'Eldorado, obstacle à toute rencontre réelle et toute relation désintéressée, j'ai enduré l'avidité, et parfois un peu d'hostilité. On n'aime pas ces sauveurs de bébés qui emportent un peu de la chair du peuple khmer loin du pays. On se méfie de ces adoptants si sentimentaux qui stigmatisent, par leur simple présence, l'incapacité des Cambodgiens à empêcher les abandons et mettre en place une vraie politique sociale intégrant la dureté d'un peuple meurtri et déboussolé par l'héritage des Khmers rouges qui voulaient anéantir jusqu'à l'idée de famille.

Mais en contrepartie, j'ai connu devant les ruines d'Angkor une forme d'extase que je croyais réservée aux mystiques ou aux stakhanovistes sexuels. Le corps s'absente tel un manteau qui glisserait à terre, et l'être se fond avec le monde.

J'ai aimé les orages du soir libérant les tensions emmagasinées par les nuages et par mon esprit enfiévré dans des roulements de tonnerre violents et brefs qui me laissaient certains jours triste, soulagée et vidée, comme après l'orgasme.

J'ai adoré guetter ces cris d'oiseaux qui tranchaient net la félicité silencieuse de l'aube, je les attendais pour faire chauffer le lait. Mais par-dessus tout, je me suis pénétrée des visages, gracieux ou laids, ravagés par les stigmates de la misère ou éclairés du dedans. J'y ai cherché un indice susceptible de m'éclairer sur le plus beau visage du monde. Je ne l'ai évidemment pas trouvé.

Je ne pourrais pas rester un jour de plus mais je suis désespérée de quitter ce que je ne connaîtrai jamais de Thavery, puisqu'elle aussi, sans le savoir, s'en arrache aujourd'hui. Nous entamons toutes les deux le travail de deuil de son passé.

Ce soir, ma petite Cambodgienne qui n'est plus seulement la fille de sa mère inconnue mais pas encore la mienne au regard de la loi française, posera ses yeux de jais sur un douanier indifférent, avant de s'élancer dans le monde.

Thavery largue malgré elle toutes ses précédentes attaches, et se propulse dans l'univers des identités floues.

Boeung Kyang – Phnom Penh – Bangkok – Paris, combien de mues ?

Tu voleras ainsi, ma fille, renouvelée, réinventée par mon grand désir blanc, ce rouleau compresseur tout-puissant, devant lequel rien ni personne ne résiste.

Tu voleras dans la nuit pressurisée vers les bras de ton père adoptif, et une terre d'accueil qui n'aura jamais mieux porté son nom, tu voleras vers l'amnésie réparatrice jusqu'au jour où tu reviendras apprivoiser le ciel, la terre, les parfums et le grand récit du Cambodge.

Ton pays natal. Il t'appartient.

Patientant dans la salle d'embarquement dépeuplée, je ne peux m'empêcher de penser que Thavery est involontairement complice d'une désertion passive. Comme des centaines d'orphelins avant elle, ma petite fille abandonnée abandonne à son tour son pays d'origine, ce monde de douleurs, de rizières et d'endurance.

Ma quantité négligeable, mon amie des miettes et des pétales fanés.

Au moment de monter dans le Boeing stationnant sous la pluie, au milieu des halos lumineux de la piste, j'inspire les excitantes odeurs de kérosène et je dis tout bas à ma fille : « Ce soir je sais enfin pourquoi je ne peux pas mourir. »

C'EST ÉCRIT

Dimanche 9 novembre.
Je suis de retour à Phnom Penh depuis trois jours.
Seule.
Je retrouve une ville pavoisée, ornée de lampions et d'immenses portraits du roi Norodom Sihanouk, retouchés pour lui donner l'air jeune et onctueux, presque immatériel. Aux alentours du Palais royal, de la Pagode d'argent et du monument de l'Indépendance, les esplanades sont reconverties en drive-in géants. Des embarcations magnifiques sont mises à l'eau en présence de jeunes déesses qui auraient pu baratter avantageusement la Mer de Lait de la mythologie hindouiste.
La liesse n'est pourtant qu'apparente.

Les rues sont toujours des coupe-gorge, les trottoirs reçoivent autant de corps brisés par la tristesse et la faim, les chiens boitent et mendient, les hommes boitent et mendient, tout boite.

Le Cambodge fête le 50ᵉ anniversaire de son indépendance. En novembre 1953, le jeune roi Sihanouk, installé douze ans plus tôt sur son trône par des Français séduits par son absolue docilité, faisait du chantage à ses anciens bienfaiteurs et leur arrachait sans effusion de sang la fin du protectorat. En cinquante ans d'occupation molle, la France créa les conditions pour que son lointain enfant adopté malgré lui devienne schizophrène et tombe, à la suite d'une crise identitaire, dans les bras du premier despote nationaliste venu.

Il y en aura deux, ainsi qu'une guerre fratricide.

Maman France beaucoup prendre, peu donner…

Prendre bois, pierres précieuses, riz, bon temps contre les flancs des filles mates dans les bordels, les fumeries d'opium ou les villas aérées de Kep et Sihanoukville.

Offrir en contrepartie le français pour tous, au mépris de la langue khmère ravalée au rang de dialecte de bouseux, l'importation de Vietnamiens immémorialement haïs mais formés et imposés dans les administrations au détriment des Cambodgiens, Malraux et ses pillages, des « enfanpillages » vite réparés, certes, mais tout de même, quel cynisme et quel dédain !

Le pays des fils de Kambu, ainsi s'origine le nom Cambodge, commémore donc le départ de sa mère adoptive abusive et négligente, au moment où je reviens. Il y a quelque chose de génial dans cette coïncidence du calendrier.

En me reconnaissant et en me voyant réclamer ma clé, le réceptionniste de l'hôtel a écarquillé les yeux et s'est enquis des raisons de mon retour.

J'ai invoqué un travail de recherche

pour un article sur le cinéma cambodgien. Ses yeux se sont encore agrandis.

« Les gens de la rizière ? Rithy Panh ? ai-je imploré.

— Oooh yes » m'a-t-il répondu pour ne pas me faire de peine.

Comment lui dire que je suis au Cambodge pour y être ? Comment lui dire que j'ai traversé la moitié du monde pour m'enfermer dans une chambre d'hôtel, et chercher le souvenir d'un petit corps d'enfant assoupi entre les coussins d'un lit à baldaquin ? Je veux mon shoot de paradis perdu, mon fix de premiers sourires. Je veux réactiver mes émotions d'alors. M'y perdre. Penser à Thavery en son absence. Me souvenir, écrire.

Il n'y a pas d'autre raison. Porter des vêtements et des vivres de première nécessité à l'orphelinat Holy Baby est un prétexte grotesque. L'homme que j'aime doit m'aimer puisqu'il l'a avalé.

J'ai simplement besoin de me retrouver ici, de respirer l'air qui pénétra dans les poumons vierges de Thavery et la fit hurler de douleur le jour de sa naissance.

Je suis aimantée par son pays.

Attachée.

Mes parents sont passés voir Thavery à la maison avant mon départ. Ma mère lui manifeste depuis le premier jour une tendresse absolue dans laquelle je décèle du soulagement, comme si ce visage indubitablement jaune la libérait enfin de moi, la consolait de ce que je ne lui ressemble pas plus. Un psychanalyste a fait remarquer que si les enfants et les grands-parents s'entendent si bien, c'est qu'ils ont un ennemi commun : les parents. J'adore cette explication. Je sens qu'elle va devenir ma vie.

Mon père, lui, envisage cette adoption et ce bébé avec la bienveillante indifférence des vieillards qui n'ont plus besoin de faire d'efforts, désormais enfoncés dans un commerce si intense avec leurs souvenirs et leurs regrets, qu'il en exclut progressivement les vivants.

Je me souviens que rien n'a frémi sur

son visage lorsque je lui ai annoncé que j'allais adopter. Mon cher vieux papa, cet homme si doux qui engendra trois enfants en colère, apprenait qu'il n'aurait pas de descendance biologique, mais n'a pas cillé.

Je n'ai désormais plus besoin d'élucider les raisons qui m'ont éloignée de la reproduction, mais je devine la présence de mon père dans leurs parages, comme le guide africain sent le lion rôder à la tombée du soir, près du camp peu éclairé.

Thavery était intimidée par mon père l'autre jour. Il s'est penché sur elle avec difficulté et s'est exclamé « C'est fou ce qu'elle te ressemble ! » avant de finir cul-sec son whisky.

Il aura prononcé au cours de ma vie deux phrases qui le dépassent.

Je repensais à cette scène familiale hier lorsque la voiture de Clint – qui a finalement appelé son fils Khim, « charmant » en khmer – a pilé devant les grilles de l'orphelinat.

L'endroit m'a semblé plus petit et plus terne que dans mon souvenir, mais le visage du docteur K. avait conservé sa surnaturelle jeunesse. La nourrice en chef a accueilli les photos de Thavery dans sa nouvelle vie avec une gratitude qui m'a fait monter les larmes aux yeux. Les photos sont passées de main en main, et certaines ont été punaisées au mur de la pouponnière.

Pan Savan, qui permit à ma fille de survivre, ne s'est pas montrée ; soudain, plus personne ne comprenait l'anglais lorsque je me suis renseignée sur les raisons de son absence.

Et puis je suis entrée dans la pouponnière. Je n'ai pas pu résister.

L'odeur m'a encore une fois saisie, elle était entêtante, surette et lactée, pisseuse, c'était l'odeur de la vie qui triomphe.

J'ai pivoté comme un automate, me faisant la promesse de me pencher plus tard sur les lits des nourrissons, mais il me fallait d'abord vérifier quelque chose, alors j'ai regardé au fond sous la fenêtre, du côté des enfants plus âgés, et j'ai aperçu le petit garçon qui se tapait la tête contre le mur, au mois de juin.

Il était toujours là. J'ai regardé si longtemps ce petit albinos dont le mouvement presque comique de pivert fou m'a arraché un cri de détresse, qu'il a cessé de se balancer. Mais ce n'est pas la vision de ce bébé qui me fit souhaiter n'être jamais revenue. C'est celui du lit voisin.

Je le savais, je le redoutais depuis tout ce temps, et je n'y pouvais rien, et j'étais là, et je n'ai pas su quoi dire, ni quoi penser, ni qui consoler, d'elle ou de moi.

Alors je me suis contentée de prononcer son nom, Champa, Champa, l'écho a repris juste derrière moi, « *Champa, Oh yes, Champa is here, Champa, nobody wants her after you leave.* »

Champa était à la même place que six mois auparavant, fillette sage aux jolis accroche-cœur qui n'avait pas voulu de moi, alors moi non plus, je n'ai pas voulu d'elle, et plus personne n'a voulu d'elle, me disait le cruel écho, mais peut-être l'ai-je rêvé.

Cette fois encore, Champa m'a regardée si brièvement qu'elle n'a pas eu le temps de me voir.

Mon rendez-vous manqué.

Les sourires navrés des nourrices et l'odeur de la vie m'ont accompagnée jusqu'à la voiture.

Je n'avais plus de larmes.

La voiture a franchi le portail sous les acclamations des enfants, a rejoint la route principale, et j'ai enfin pu reprendre mon souffle. Une phrase de Dante cognait à ma tempe.

« Regarde et passe ton chemin. »

Le souvenir de Thavery assoupie sur ma poitrine dans cette même voiture, le premier jour de notre amour, m'a empêchée de m'effondrer.

Ma fille adorée.

C'est écrit. Nous reviendrons au Cambodge.

REMERCIEMENTS

Bertrand Tavernier, Philippe Tesson, Martine Valière, Kéo San, Pan Savan, Marie-Claude Tesson, Richard Boidin, Monsieur Libourel, Monsieur et Madame James, Monsieur Billet, Sam Than, Clint Ouk, Meth Narong, Elisabeth Dion, Sylvie Matton, Fabienne Servan-Schreiber, Pascal Ourtoule, Dominique Casanova, Frédéric Bourboulon, Princesses Sita Norodom-Wood et Ratana Norodom, Isabelle Duquesnoy, Pierre Ader, Karen Chrétien, Muriel Téodori, Haïm Cohen, Eleanor Ricalde, Laurence Ollivier, Isabelle Nanty, John Le Carré, François Bizot, David Sandler, Richard Olen Butler, Hélène T.

Impression réalisée sur CAMERON par

BUSSIÈRE CAMEDAN IMPRIMERIES

GROUPE CPI

à Saint-Amand-Montrond (Cher)
en juillet 2004
pour le compte des Éditions Grasset,
61, rue des Saints-Pères, 75006 Paris.

Mise en pages : Bussière

N° d'Édition : 13360. N° d'Impression : 042941/4.
Première édition : dépôt légal : avril 2004.
Nouveau tirage : dépôt légal : juillet 2004.

Imprimé en France

ISBN 2-246-65661-3